だいわ文庫

オードリー・ヘップバーンの言葉

山口路子

大和書房

Here is your SNO CROP
ORANGE JUICE GIRL
This is REAL
WORLD

はじめに
永遠のオードリースタイル

歴史に刻印された「美」のイメージ

「永遠の妖精」と謳《うた》われ、世界中で愛され続けている女優オードリー・ヘップバーン。過去に多くの女優たちがファンを魅了し、熱狂させてきたけれど、時を超えてもその魅力が色褪せることのない女優は、けっして多くはありません。

当時、どんなに人気があったとしても、それはその時代限定であり、いま見ると、やはり「美しい昔の人」であって、そのメイクやファッションや立ち振る舞いを真似したくなることはない。美の基準は時代とともに変わるのですから、むしろこれは当然のこと。オードリーが異質なのです。

オードリーは現代においても新鮮な魅力をもち続けていて、それはほんとうに、驚くほどに新鮮です。

女性誌は「美しい女」になるためにオードリースタイルを研究し、女性の自己啓発系の本はオードリーをカヴァーに使い、カフェやしゃれた雑貨屋にはポスターが飾られ……、そして私を含め、オードリーに魅せられた作家がオードリーの本を書く。

あらゆるところでオードリーはいきいきと、生き続けています。

これはオードリーに、現代に生きる人たちを惹きつける力があるからこその、現象です。


映画に詳しくない人でもすぐにイメージできるでしょう。

たとえば『ローマの休日』での、ショートカットに細いウエストの溌剌《はつらつ》とした姿、『パリの恋人』で見せる、ため息が出るようなファッションとその着こなし、『ティファニーで朝食を』の、あの有名なリトルブラックドレス……。

それらは、歴史にくっきりと刻印された永遠のオードリースタイル、普遍的な「美」の、決定的なスタイルです。

それにしても、映像の修正も、アンチエイジングのあれこれも、現代ほどではなかった時代に、あれだけの美しさが可能だったことに、あらためて驚かされます。

生き方そのもので見せる「愛」の思想

そしてオードリーの美しさは、外見だけではありませんでした。

彼女は、世界的スターにありがちな傲慢《ごうまん》さから遠くにいる人で、基本的に謙虚で控え目、なのに強い芯のある人で、静かな、けれど圧倒的な存在感がありました。


そんなオードリーを唯一無二の人として決定づけたのは、何といっても、晩年のユニセフの活動でしょう。

特別親善大使として、彼女はそれこそ身も心もユニセフの活動に捧げるわけですが、ユニセフと出逢ってオードリーは、ようやく人生のつじつまが合った感覚を抱く。

つまり、自分が何のために生まれてきたのか、そして、自分が何のために有名になったのか、その理由を知るのです。

「デザイナーズジーンズをはいたマザー・テレサ」と呼ばれたオードリーの活動と、その根底にある愛の思想。

最後まで諦めることなく愛を信じ、人類が争うことのない世界の実現のために行動し続けた、その姿には強く、心動かされます。

私は、オードリーの生き方に、暗闇のなかの、ひとすじの希望を見ます。

これは世界各地で悲惨な出来事が頻繁に起こる現代だからこそ、より輝いて見える、そして、絶対的に必要な、希望なのです。

六十三年の人生

オードリーは一九二九年五月四日、ベルギーのブリュッセルに生まれました。

十代の多感なときに陰惨《いんさん》な戦争を間近で体験、死の恐怖に怯え、この世にはひどい悲しみがあるということを、身をもって知りました。

また、両親は仲が悪く、幼いときに父親が家を出てしまい、オードリーは父親に捨てられたショックを長い間引きずり、つねに愛情に飢えていました。
バレリーナになろうと頑張るけれど夢破れ、生きてゆくための手段として女優になり、けれど、スターとなってからも、いちばん欲しいものは「名声」でも「お金」でもなく「幸せな家庭」でした。

二度の結婚と二度の離婚を経験、それぞれの結婚相手との間に、息子がひとりずつ。仕事よりも家庭を優先し、息子たちを愛情いっぱいに育てました。けれど二度の離婚を「最悪の失敗」として受けとめていて、深く傷つき、自分を責めました。
それでも人生のラストシーズンは、最良のパートナーに出逢い、穏やかな愛情生活を送ります。そのパートナーとは、あえて結婚というスタイルを選ばず、ふたりは周囲の人をも幸福にするほどに仲が良く、いつもどこへ行くにも、ユニセフの活動もすべて、一緒でした。

スイスのトロシュナに購入した家、その静寂と自然に囲まれた場所を生涯愛し、一九九三年一月二十日、その家で六十三歳の生涯を終えました。死因は癌《がん》でしたが、オードリーは自分の運命を受け入れて、最後の最後まで、乱れることなく静かに、周囲の人たちに愛の大切さを伝えていました。

「気品」という名の魅力

オードリーの魅力について考えます。

コケティッシュな笑顔や、洗練されたスタイル、圧倒的な美しさ……さまざまにあります。

けれど、それらは、ほかの人たちだって、もっているものです。

私は、オードリーの魅力の核は、彼女独特の「気品」だと考えます。

「気品」、この類《たぐい》まれな資質がおそらく、オードリーという人を最高に魅力的な人にしているし、ほかの人たちとオードリーを決定的に区別しているものだと思います。

足るを知り、謙虚で、周囲の人たちを好ましい空気で包み、美しいものを愛し、慈愛に満ちたまなざしで、あらゆる物事、人々を眺める。
オードリーの気品に溢れたスタイルこそが、その「美」に永遠の命を与えているのだと思います。

ここに、そんなオードリーの言葉を集めました。

オードリーからの贈り物のように受け取っていただきたく、また彼女の魅力をより深く伝えたくて、いわゆる名言集ではあるけれど、本書を読み終えたときに、オードリーの人生を知ることができるような構成にしました。

この本を手にとり、読んでくださった方の胸に、何かひとつでもオードリーの人生のきらめきが残せたなら、とても嬉しく思います。

はじめに――永遠のオードリースタイル……3

CHAPTER Ⅰ 美

正面から向かい合い、
欠点以外のものに
磨きをかけるのです。

コンプレックスだらけの女優　COMPLEX……18
小さな目と四角い顔　FACE……20
自分だけの「ファッションの掟」　RULE……22
ブラウスが一枚あれば　SCARF……24
永遠の男友達　FRIEND……26
うわべだけの言葉　WORD……28
女らしさについて　SEXY……30
細い身体の理由　SLENDER……32
傷つきやすい女性　FRAGILE……36
速足で散歩　WALK……38
白髪は染めない　AGING……40
笑顔が幸福を引き寄せる　SMILE……42

CHAPTER Ⅱ

愛

私にも愛が必要です。
愛したいし、
愛されたいのです。

愛情の量 LOVE …… 46
仕事か、結婚か MARRY …… 48
家庭をいちばんに HOME …… 50
無邪気な愛 INNOCENCE …… 52
献身的な妻 DUTY …… 54
自分の家を作る PACKING …… 56
価値観の相違 DIFFERENCE …… 58
夫婦の格差 DISPARITY …… 62
喪失と別離 PAIN …… 64
魅力的な年下の人 PASSION …… 66
欲しくてたまらない愛 HOLD …… 68
失敗への不安 WORRY …… 70
完璧な妻、完璧な母 PERFECT …… 72
夫の不実 DOUBT …… 74
忘れない敬意 RESPECT …… 76
「この人」に出逢うために BEST PARTNER …… 78

CHAPTER

Ⅲ

仕事

いわゆる
「キャリアウーマン」には
なりたくありません。

ずっと探していた人 DESTINY ……80
「幸せな家庭」への憧れ LONGING ……82
仕事と、そして CAREER …… 86
等身大の自分でいる PLAIN …… 88
なりたい役を手に入れるために ROLE …… 90
すがりつかない品位 GRACE …… 92
バレリーナになれなかった女の子 GIRL …… 94
劣等感と向き合う COMPLEX …… 96
ゆずれない局面 MUSIC …… 100
揺るぎない軸 DECIDE …… 102
経験不足という不安 DRESS …… 104
お金と美意識 PERFUME …… 106
日本への思い JAPAN …… 108
最後の映画 LAST …… 110

CHAPTER Ⅳ

人生

何を恐れるかといえば、
老いや死よりも、
孤独や愛の欠如です。

「死」と直面する DEATH …… 114
厳しい母 MOTHER …… 116
父の不在 FATHER …… 118
戦争を体験したということ WAR …… 120
レジスタンス RESISTANCE …… 122
命の尊さ SURVIVE …… 124
どうしても失いたくないもの JUSTICE …… 126
アンネ・フランクは自分 ANNE …… 128
希望のメッセージ MESSAGE …… 130
「捨てられた少女」との決別 SOLITUDE …… 132
仕事より、子ども CHILD …… 136
「家」にこだわる HOUSE …… 138
何がいちばん大切か？ MOON-RIVER …… 140
使命感の名のもとに MISSION …… 142
自分の人生を受け入れる RECEIVE …… 144
死は当然のこと PROCESS …… 146

CHAPTER V 使命

私は自分自身に
問いかけます。
あなたは
何ができるか？

人生の知恵 TWO SONS …… 148
「幸福だった」と伝える愛 TELL …… 150
安らかな最期 LAST MOMENT …… 152
「愛すること」を鍛える LOVING …… 154
美しい生き方 VITALITY …… 156
58歳からの新しい人生 UNICEF …… 160
子どもたちを救いたい CHILDREN …… 162
メイクする理由 CONTRIBUTION …… 164
人生の目的 PERIOD …… 166
ひとりの女優の力 ACTRESS …… 170
静かな怒り ANGER …… 172
デザイナーズジーンズをはいたマザー・テレサ JEANS …… 174
最大の問題は、戦争 DISAPPOINT …… 176

人しか、できないこと PEACE …… 178
人と比べない幸福 COMPARE …… 180
自分の問題として考える THINK …… 182
希望というひとすじの光 LIGHT …… 184

オードリー・ヘップバーン おもな映画について …… 188
参考文献 …… 199
オードリー・ヘップバーン 略年表 …… 200
おわりに …… 202

CHAPTER

I

美

正面から向かい合い、
欠点以外のものに
磨きをかけるのです。

私は自分を美人だと
思ったことがありません。

コンプレックスだらけの女優

COMPLEX

世界中の女性が憧れている女性の、これはおそらく、本音です。

息子のショーンも「母は、自分のことを美人だとは思っていなかった」と語っていて、その発言の様子から、母オードリーが常日頃からそういったことを口にしていたことが想像できます。

痩せすぎている。胸がない。背が高すぎる。足が大きい。歯並びが悪い。顔が四角い。鼻孔が大きい……。

コンプレックスがたくさんあったのです。

とくに胸がないことについては、デビューしたてのころ、胸に詰め物をして写真を撮るという屈辱を味わったこともあるくらい。

ところがオードリーがスターとなると、世界の美の基準が大きく変化します。

それまでは、美しい女性といえば豊満なバストとヒップが絶対条件だったのに、オードリーによって、それ以外の美が存在することが証明されたのです。

それほどまでに大きなことをしてのけたというのに、自分のことを美人だと思わないと本気で言っていたというのですから、ここに、多くの人が語るオードリーの謙虚さがあり、事実、この謙虚さが、その美しさをさらに際立たせていたのでしょう。

自分自身に対して
100パーセント率直になって、
欠点から目をそらさずに
正面から向かい合い、
欠点以外のものに
磨きをかけるのです。

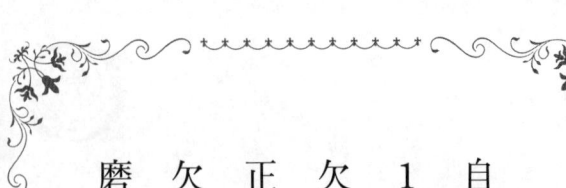

FACE

小さな目と四角い顔

この言葉をメイクに活かすとすれば、オードリーの場合はとにかく鼻の欠点と四角い顔を目立たせないために、目のメイクが重要となりました。「世界一美しい目のもち主」だと賞賛されましたが、そのたびに彼女は言っていました。「いいえ、世界一美しい目のメイクです」。

そしてメイク担当者の技術とセンスを褒めました。仲良くなった女性には、メイクを落としたところを見せて、「ね、ほら、私、目がほんとは小さいの、目がどこにあるのかわからないくらい！」と言っておどけてみせました。

世界が賞賛する自分の魅力的な目はアイメイクによるものなのだから、「それは違う、メイクのおかげなの」ということを告白しなければ、なにか世界を騙しているようで落ち着かなかったのでしょう。

オードリーが容姿にコンプレックスをもっていただなんて嘘のようだけれど、コンプレックスというのは周囲が決めるものではなく、その人自身が「感じる」もの。だから、彼女はたしかにコンプレックスをもっていた。重要なのはその先で、欠点以外のところに徹底的に磨きをかけることによって、世界中の女性たちの「美のモデル」となったという事実です。

自分を客観的に
見なくてはなりません。
ひとつの道具のように
自分を分析するのです。

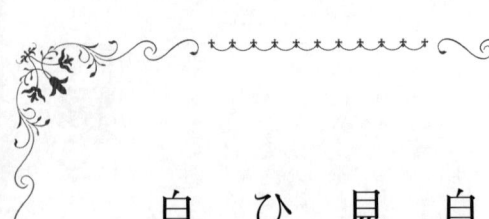

RULE

自分だけの「ファッションの掟《おきて》」

二十歳のころ、背が高すぎるためにバレリーナになる夢を諦め、生活費を稼ぐためにミュージカル、映画、モデルなどの道を模索していたオードリーは、熱心にファッション雑誌に目を通しました。

自分をより魅力的に見せるにはどうしたらよいか、研究をしたのです。

その結果、次のことを導き出します。

「黒と白、あるいはベージュやピンクのような淡い色は、私の目や髪を引き立てる。鮮やかな色では自分が色褪せて見えてしまう」

「丸みのない身体つきだから、パッド入りの服は着ないほうがいい」

「肩幅が広いから、それを目立たせないために、襟《えり》もとに工夫が必要」

「身長を高く見せないように、そして大きな足が目立たないように、ローヒールの靴をはくこと」

つまり、自分だけの「ファッションの掟」を彼女は作ったのです。

のちにファッション・アイコンとなるオードリーは、デビュー前からすでに、ファッションの掟は万人に共通のものではなく、個々に作らなければならないことを、知っていたのです。

フリルを取り去って、
リボンを取り去って、
さらに不要なものを取り去れば、
肝心なものの輪郭が
はっきりと見えてきます。

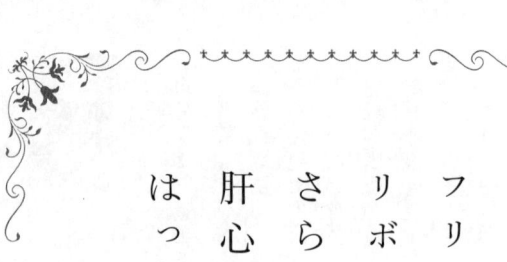

SCARF

ブラウスが一枚あれば

オードリーは最初からシンプルな装いを好んでいました。

デビュー前の彼女を知る人は言います。まだ貧しいころの話。

「彼女はスカートとブラウスを一枚ずつ、靴を一足、ベレー帽も一つしかもっていなかったけれど、十四枚のスカーフをもっていました。そしてベレー帽のかぶり方にしても、日によって変えて、スカーフにいたっては、色々な使い方をしていました」

これは象徴的です。

限られた予算のなかの精一杯の、そして効果的なおしゃれ。十四枚のスカーフを使って毎日、しゃれた着こなしをしていたのです。

それらのスカーフは、首もとに、ウエストに、手首に、顔まわりに、あるいは腰に巻きつけてスカートのように、さまざまに使われたことでしょう。

センスがあった、と言ってしまったらそれまでのようにも思うけれど、オードリーにはやはり、先天的なおしゃれのセンスというものがありました。

ジヴァンシーが大好き。
ジヴァンシーの服には
きらびやかな装飾はありません。
いっさいが取り払われているのです。
私はアメリカの女性が
精神分析医を頼りにするように、
ジヴァンシーを頼りにしています。

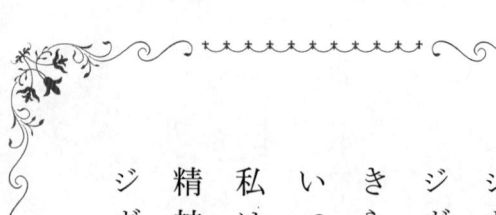

永遠の男友達

ジヴァンシーは師のバレンシアガと同じく、六十年代のミニマリズム的デザインの先駆けでした。

『ローマの休日』に続く、オードリー二本目の映画『麗しのサブリナ』の撮影でふたりは出逢い、その友情はオードリーの死まで続きました。

男女関係はなく、尊敬で形作られた四十年の友情物語、その品性と美しさは、ほとんど奇跡。

FRIEND

オードリーは彼のなかに洗練の極致《きょくち》を見て、プライヴェートの服もジヴァンシーと決め、世界のベスト・ドレッサー・リストにその名を加えました。

また、オードリーの身体的造型、その人柄はジヴァンシーをさまざまな形でインスパイアし、「オードリーとジヴァンシー」は世界のファッションに大きな影響を与え、伝説的なペアとなりました。

ジヴァンシーは回想しています。

「オードリーは忘れられないほど感動的なことを言ってくれました。『あなたが作ってくれた白いブラウスやスーツを着ると、服に自分が護《まも》られているような気がするの。この保護されている感じが、私にはとても大切なのよ』と」

お世辞からは
何も生まれません。

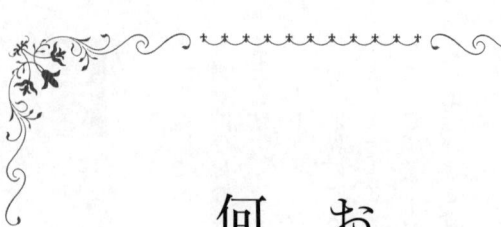

WORD

うわべだけの言葉

好かれることは、もちろん好きだけれど、好かれるための努力などはしない。

これはオードリーの信条のひとつです。

その流れでもちろんお世辞を口にすることも少なかったのですが、他の人たちは彼女に対して、それはもう、うんざりするほどのお世辞を浴びせました。

オードリーは自分にかけられた言葉には敏感に反応し、それが真心から出ている言葉なのか、自分から何かを得るためのお世辞なのかを見極め、慎重に人とつきあっていました。

本当は、ほかにも候補がいるのに「この映画はあなたのために企画されたのです」なんて言っても、オードリーは真実を見ていたし、ビジュアルだけをひたすら讃《たた》える人にもなびきませんでした。

だから、ある種の人たちにとっては、とっつきにくい人物に映ったかもしれません。誤魔化《ごまか》しや、うわべだけの言葉に対する彼女の反応は、何かきついことを言うわけではないけれど、お世辞が習慣になっている人たちにとっては、見透かされているように感じさせるものが、あったからです。

セックス・アピールというのは、
心の深いところで感じるもの。
見せるよりは、
感じさせるものなのです。

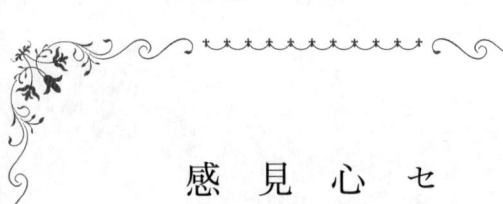

SEXY

女らしさについて

セックス・アピール。

この言葉をオードリーは「女らしさ」といった意味をたくさん含めて使っています。

女らしさは、カーヴィーな肉体を誇示することではない。見せるものではなく、心の深いところで感じさせるもの。

だから自分には自分なりのセックス・アピールがあるはずだと思っていました。

きっと、その細い身体ゆえ、色々なことを言われ続けてきたのでしょう。豊満なハリウッド女優たちと比較して、多くの人が無遠慮な質問を投げかけてきたのでしょう。

なので、このテーマに関しては珍しく挑戦的な発言が多い。

「私がグラマーじゃないのはよくわかっています。けれど、セックス・アピールというのは、サイズの問題だけではないのです」

「私は女らしさを証明するのに、ベッド・ルームを必要としません。グラマーが自慢のスターがヌードで表現することを、私は服を着たままで表現できます。木からリンゴをもぐとか、雨のなかに立っているとか、そういう状況で」

ちょっとムキになっている感もあり、ほほえましい部分です。

ダイエットは
していません。

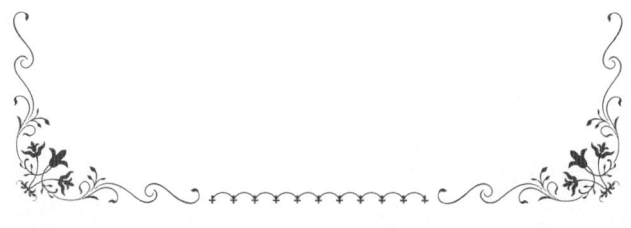

SLENDER

細い身体の理由

スリムな体形は彼女の財産のひとつでした。
けれど体重がつねに標準よりも五キロから八キロ不足していたせいか、疲れやすいところはありました。

摂食障害（拒食症と過食症）の噂はきっぱりと否定していますが、過度のストレスがあると食事が喉《のど》を通らなくなること、そして、太ることを恐れていたのは事実です。

たとえば当時の雑誌に掲載された、三十歳のころのある日の食事。

「朝食はゆで卵二個、健康食品の店で買った全粒粉トーストひときれ、ホットミルクを入れた三杯か四杯のコーヒー。昼食にはカッテージ・チーズとフルーツ・サラダかヨーグルトと生野菜、夕食には肉と数種類の温野菜」

たとえば五十代半ばのころには、こんなふうに言っています。

「この年になるとあまりタンパク質はいらないので、おもに野菜を食べています。ワインは飲まないけれど、ディナーの前に少しスコッチはいただくわ」

特別なダイエットはしていないものの、ダンサーだったこともあり、食事への意識が高いことがわかります。

私は平たい胸が嫌いでした。
あまりに細すぎて、
胸といえるほどのものがなかったのです。
そういうことだけで、女の子はひどく
内気になってしまうものなのです。

ある男性に、
きみの「かよわさ」は
壊しても壊れない、
と言われたけれど、
そんなことはありません。

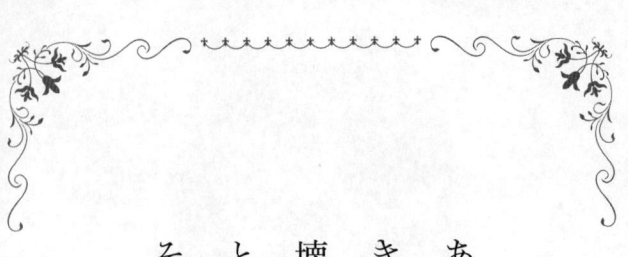

傷つきやすい女性

FRAGILE

スターには傷つきやすい人が多い、とはよく言われることですが、オードリーはそのスターたちのなかにあっても、とくに傷つきやすいことで知られていました。守りたいという気持ちを起こさせる、そういう儚《はかな》さがあり、それは彼女の無意識の魅力であり、無自覚の武器でした。

昔からの友人のひとりは言います。

「僕はつねに彼女をひとりきりにしてはいけない、そう感じていた」

恋人でもないのに、こういった感情を多くの人が抱く一方で、「それだけではない」と見ている人たちも少なくはありませんでした。

オードリーと共演したことのある俳優たち、たとえば『暗くなるまで待って』のリチャード・クレンナは「誰もが彼女を保護したくなる。けれど彼女は誰かに指図されて自分の意思を曲げることは絶対にしなかった」と言い、たとえば『シャレード』のケイリー・グラントは「あの華奢な身体のなかには鋼《はがね》の強さがある」と言いました。

そしてオードリー本人は自分のことを「それほど強くはない。誰かが壊そうとすれば壊れてしまう」女なのだと認識し、その脆《もろ》さを克服しようとしていたのです。

若く見えるとしたら、
それはきっと、たっぷりの
モイスチャーライザーと、
歩くことと、睡眠のおかげ。

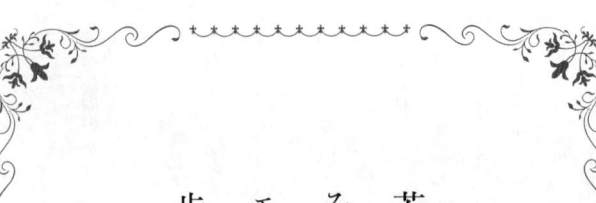

WALK

速足で散歩

　もう若くはない、と言われる年齢になってから、友人から「あなたはどうしてそんなに若く見えるの？」と尋ねられたときの答えです。とにかく保湿に気を使い、どんなときでもたっぷりの保湿成分（モイスチャーライザー）を肌に与えることを心がけ、とにかく歩きました。のんびりの散歩ではなく、速足でがんがん歩くのが好きでした。

　睡眠もやはり大切で、いちばん調子よく過ごせる睡眠時間は、最低八時間。もっと眠ることもありました。そしてなるべく十二時前に入眠しました。

　若さの秘訣とはいっても特別なことはしていない。

　これが本音でしょう。
けれど、野菜中心の食事も心がけ、暴飲暴食をせずに、少々の煙草《たばこ》と少々のアルコールといった楽しみは残しつつ、できるだけ十二時前に眠る。そして身体を動かすことが大好きなのです。

　本人は若さをキープするためにしていたわけではないけれど、しっかり本質的なことを実行していたのです。

年とともに自分が
変わっていくのがわかります。
でもそれを直視しなければ。
みんなが経験することですから。

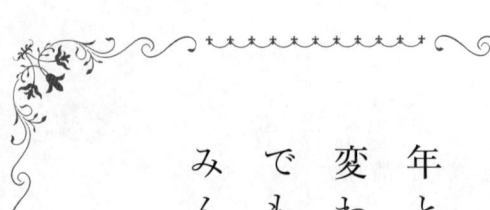

白髪は染めない

AGING

オードリーは、美しさを保つためにもちろん、できる範囲でのことはしていたでしょうが、加齢による変化に、むやみに抵抗することはなく、髪も染めなかったから、五十代にもなると、あちこちに白髪が目立つようになりました。皺《しわ》だって増えました。

マスコミは『ローマの休日』の妖精がすっかり年をとったことを書きたてましたが、オードリーはそのことに対しては超然としていました。

目じりや唇のわきの皺を隠そうともせず、

「これは笑い皺です。笑いほど嬉しい贈り物はありません」

と微笑みました。

オードリーの年齢の重ね方は、ほんとうに自然なものでした。

六十代になって、さらに白髪も皺も増えたけれど、美しさは損なわれることなく、それは、アンチエイジングという言葉がすっかり色褪せてしまうような、毅然《きぜん》とした年齢の重ね方でした。

この世で
一番すてきなことは
笑うことだって
本気で思います。

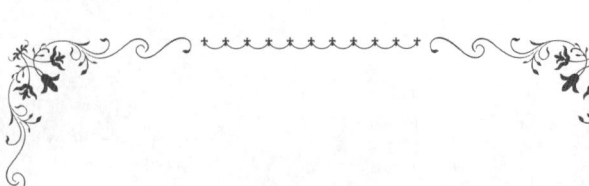

笑顔が幸福を引き寄せる

SMILE

オードリー・ヘップバーンといって、まず思い浮かぶ顔は、やはり笑顔でしょう。それも、とびきりの笑顔。

オードリーが、若いころから亡くなる直前まで、もっとも大切にしていた美徳のひとつは「笑うこと」です。

その場に「笑い」があることが重要、笑わせてくれる人が大好き。愛する人の笑顔がなにより嬉しい。

笑いについては、色々なところで、そのすばらしさについて語っています。

「笑えば、たいがいのことは忘れられる。笑うことは、どんな薬よりも効くの。笑いって人間に一番大切なものじゃないかしら」

オードリーは好んでロマンティック・コメディに出演しましたが、それは「笑い」が好きだったからだし、年をとってからの「笑い皺」は、たくさん笑ったことの証明だから自慢でもあったし、死の数日前まで、愛する人たちを笑わせようとしていました。「私のために笑って」と言っていました。

「笑うこと」、これはオードリーの美に欠かせない、とても大切な要素だったのです。

CHAPTER

Ⅱ

愛

私にも愛が必要です。
愛したいし、
愛されたいのです。

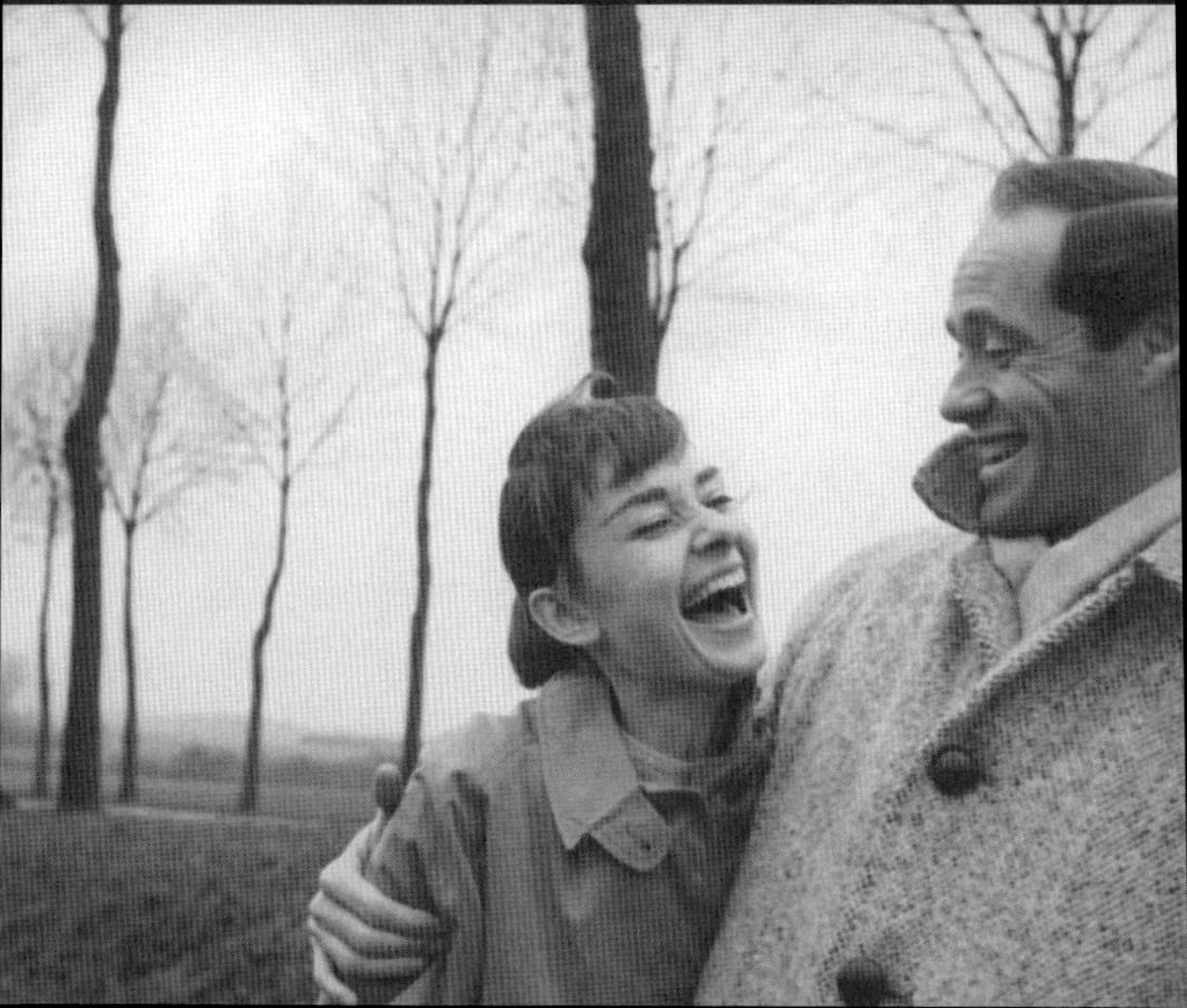

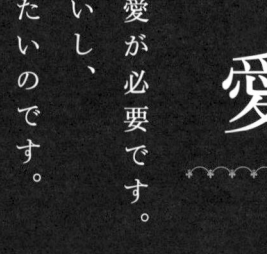

私たちはみんな
愛されたいのではありませんか？
だから人生のあらゆる時点で、
愛情を求めているのでは
ないでしょうか。
私にも愛が必要です。
愛したいし、愛されたいのです。

愛情の量

LOVE

人が生まれながらにしてもっている愛情量というものがあるとしたら、オードリーはその量がかなり多い人でした。

それは恋愛という形の愛、家族への愛、友人への愛、そして世界中の、自分の力を必要としている人たちへの愛……さまざまな愛の形があるけれど、オードリーはそれらすべてに、惜しむことなく愛情を注ぎ、そして自分自身も、愛されることを望みました。

女優ならば日常的なこととされる、共演者とのちょっとした恋なども、例外なくオードリーにも、ちらほらとありました。

結婚は二回、離婚も二回、これに傷つきながらも彼女は、「愛し愛される」ことを中心とした人生を生きることを、最後まで諦めませんでした。

仕事にも恋をしているのに、
彼と結婚するのは、彼に対して
アンフェアだと感じたのです。

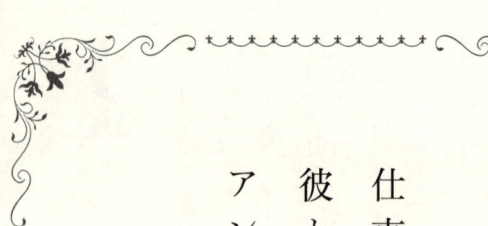

MARRY

仕事か、結婚か

オードリー二十三歳、婚約解消をしたときの言葉です。相手はジェームズ・ハンソン、はじめての本格的な恋愛の相手で、二十一歳のときに出逢いました。彼は七歳年上で裕福な実業家の後継ぎで社交界の名士。結婚相手としては完璧といってよいでしょう。

ところが、タイミングがよくありませんでした。

オードリーに幸運が降り注いでいたような時期、つまりブロードウェイの『ジジ』、そしてハリウッド映画『ローマの休日』、両方のヒロインになることが決まった時期と重なったのです。

オードリーは、「結婚したら、少なくとも一年間は仕事をすべてやめて、奥さん業に専念したい」という考えだったので、今がその時期でないことは明らかでした。

オードリーの両親は離婚していて、彼女自身、その不幸を存分に味わっていたので、自分自身の結婚には慎重だったのです。

婚約解消は、オードリーの人生を激変させることになる『ローマの休日』公開直前の出来事。

穏やかな別れで、ふたりの間には友情が残りました。

心から愛している
男性と結婚したその日から、
彼がどこにいようと、
彼のいるところが私の家です。

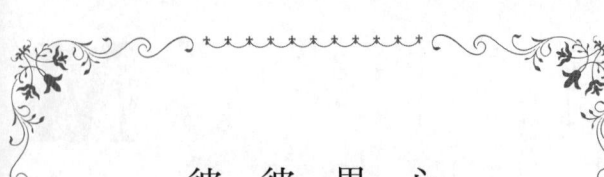

HOME

家庭をいちばんに

オードリーの最初の結婚は二十五歳のときでした。

相手はメル・ファラー。俳優、舞台演出家、映画監督で、二度の離婚経験者、四児の父親、オードリーよりも十二歳年上でした。

『ローマの休日』が公開された翌年のことなので、このふたりの結婚は世界中の注目を浴びたけれど、オードリーの希望で、結婚式は内輪で静かに行われました。

そして彼女は、この結婚を大切にするために、人気絶頂にもかかわらず、一年に二本以上の映画には出ないことを決めました。

すべてに家庭を優先させるというスタイルが、すでにこのときから現れています。

何でも幼少期の経験に結びつけてしまうことには問題もあるけれど、少女時代の両親の不仲、離婚、父との別れ……といったことが「健全な家庭」への強い憧れを育んだのかもしれません。

そして、オードリーがイメージする「健全な家庭」では、基本的に、妻は家にいるものだったのです。

私たち、丸二日近くも会わなかったのよ！

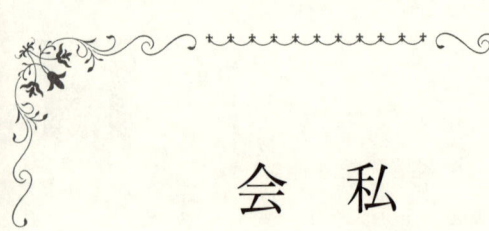

無邪気な愛

INNOCENCE

新婚のオードリーの何とも微笑ましい言葉です。

夫メル・ファラーと『戦争と平和』で共演することになり、仕事も一緒が多かったのですが、この映画の撮影の終わりころに、はじめての別居を経験しました。夫に別の映画の仕事があったからです。

別居といっても二日間。二日後に空港で夫に飛びついて、大きな声で言ったセリフがこれなのです。

無邪気で、一途な新婚の妻の喜びがいっぱいの言葉だけれど、こうしたオードリーの態度が、夫のうぬぼれというか、思い上がりというか、そういうところを増長したところもあるようです。

どうしても
それをしなければ
ならないの？

献身的な妻

DUTY

オードリーはほんとうに、夫に対して献身的でした。周囲の人たちが疑問に思うほどに献身的だったのは、そのことが、自分の人生における、もっとも重要なものにつながっていたからです。

彼女にとって、もっとも重要なもの、それは「家庭」でした。

「家庭」を大切にしたいと、せつないほどに、願っていて、だから映画のオファーがきて、その映画のためには夫と離れ離れの時間を過ごさなければならない、という状況に直面すると、じっくりと考えたのです。

オードリーは言っています。

「結婚生活を危険にさらすかもしれない一歩を踏み出すことを求められたら、自分の心を覗《のぞ》きこんで自問します。どうしてもそれをしなければならないの？」

この根本的な問い。

多くの人が無意識に「しなければならない」と思いこんでしまっているなかで、オードリーは、重要なものを手放すことがないように、自分に問い質《ただ》していたのです。

私たちが仕事で行った場所が
どこであれ、それがわが家でした。
私たちはカタツムリのように
家を背負って歩くのです。

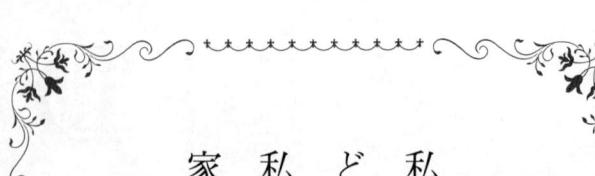

PACKING

自分の家を作る

これはオードリーの伝説のひとつで、滞在する場所を「ホテルの部屋」ではなく「自分の家」にしてしまうという意味です。

まず、到着の一時間前、オードリーがあらかじめ不要と判断した部屋の備品が取り除かれます。到着して荷ほどき。家からもってきた銀の燭台《しょくだい》、銀食器、本、レコード、ベッドカヴァー、絵画、灰皿……。すべてを配置し、夫婦の「わが家」が完成。

そのためには、ときに五十個以上の荷物が必要で、その様子に「まるで王室の亡命」と書いた記者もいるほど。もちろん、これは若いころ、最初の結婚のときの話ですが、家庭を大事にしたいという願いが、家財道具一式を移動させるという極端な行動をとらせたのです。

驚かされるのは、オードリーはいつも自分で、膨大な荷造りをしたということ。一度だけ他人に任せたとき、到着した夜に、夫のカフスボタンがどこにあるのかわからなくて困ったことがあって、「妻として、こんなことが二度とあってはいけない」と反省、以後すべて自分で荷造りをしたのです。

子どもが生まれると、
私は妻として望めるすべてを
手に入れたと感じました。
けれど、夫は違いました。
彼はオードリー・ヘップバーンの
夫というだけでは
満足できなかったのです。

DIFFERENCE

価値観の相違

一刻も早く子どもが欲しくてたまらなかったオードリーですが、二度の流産という悲しみを経験し、はじめての子を授かったのは三十一歳のときでした。

夫のメルにとっては五人目の子どもだったこともあり、その喜びに温度差があったことは容易に想像できます。

出産ののち、オードリーの関心は息子のショーンに集中し、母になった喜びにつつまれて、スイスでゆったりとした時間を過ごし、もちこまれる多くの映画の企画に、なかなか乗り気になりませんでした。

そんななかで『ティファニーで朝食を』に出逢います。

この映画に出演したことで、オードリーの人気はさらに上昇、このころから夫との関係がうまくいかなくなっていきます。

夫は野心家で、お金にも執着があり、オードリーとはまったく別のタイプ。最初のころはそれが新鮮でも、やがてふたりは価値観の相違を前に、立ち往生するのです。

私は、自分で物事を考える能力があることを
誇りに思っています。
私の判断に逆らって、私に何かをさせることは、
誰にもできないのです。
愛する夫にさえ、できないのです。

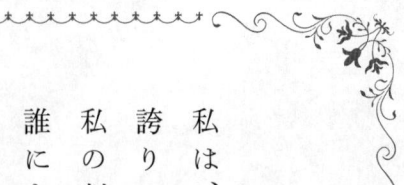

DISPARITY

夫婦の格差

メル・ファラーはたしかにキャリアのある演出家であり俳優ではあったけれど、オードリーほどのスターではなく、ふたりの結婚には、誰もが思う「問題」が最初から、ありました。

メル・ファラーは、オードリー・ヘップバーンというスター女優を妻としたことによって、大きな仕事が可能になった。そう周囲から見られていることを、ふたりとも知っていたし、ふたりで並んで登場すれば、オードリーばかりが注目されるなかで、メルの心中、そして夫を立てたい妻の心中は、穏やかではなかったでしょう。

「私の判断に逆らって、私に何かをさせることは、愛する夫にさえ、できない」と、ここでオードリーが言いたかったのは「私はけっしてメルの言いなりではない」ではなくて「メルは、私の意志を尊重している、何かを無理にさせようとしたことなんてない、そんな人ではない」ということです。メルをかばっているのです。

けれど、ときが経つにつれ、ふたりの間の意見の相違は、どうにもならないものになってきました。

簡単に言ってしまえば、オードリーは家族と過ごす時間を増やしたいけれど、メルは違って、オードリーを使った仕事を、もっと増やしたいと考えていたのです。

結婚が破局を迎えたときは惨《みじ》めでした。
ものすごい失望感を味わいました。
善良で愛し合う人同士の結婚は、
どちらかが死ぬまで続くはずだと
思っていたからです。

PAIN

喪失と別離

オードリー三十八歳の夏、四度目の流産を経験します。

そしてその年の秋、夫婦それぞれの弁護士から発表された、別居のニュースがマスコミを賑わせました。

「オードリー・ヘップバーン三十八歳と、メル・ファラー五十歳は、十三年の結婚生活ののちに別居を決意しました。ファラーはパリに、ヘップバーンは七歳の息子ショーンとスイスの自宅に住みます」

オードリーにとって、この破局は、自分自身の責任以外の何ものでもなく、だから、夫のことを悪く言ったことは一度もありません。

オードリーの場合、この先似たことが起こってもいつも、自分自身の問題となるのです。自分の責任であり、自分の失敗であり、自分の敗北となるのです。

別居の発表があってからおよそ一年後、オードリーは正式に離婚しました。およそ十四年と二カ月の結婚生活でした。

彼に出逢ったとき、
頭にレンガが落ちてきた
みたいでした。

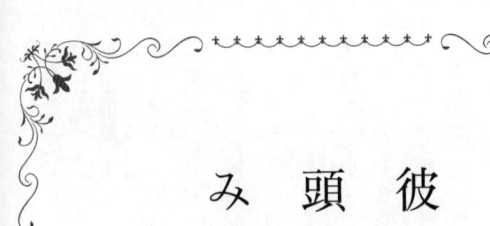

PASSION

魅力的な年下の人

二度目の結婚相手、アンドレア・ドッティとの出逢いについての言葉です。

メル・ファラーと離婚する半年前、別居中に、ふたりはエーゲ海のクルーズというロマンティックな場で、恋におちたのです。

アンドレアはローマ大学の助教授で、若くてハンサムな精神科医、伯爵家の息子でプレイボーイとしても有名。オードリーより九歳年下。以前よりオードリーの熱烈なファンでした。

いかにもイタリア男らしい、楽観的で明るくユーモアのあるアンドレアは魅力的で、父親不在の環境で育った一致にも、親近感を抱《いだ》きました。

アンドレアの両親も、彼が子どものころに離婚していたのです。

九歳という年齢差については、次のように言っています。

「私は彼より長く生きてきましたが、だからといって私のほうが彼より大人だということにはなりません。知的な面では、彼は私より成熟しています。仕事が彼を実際の年齢よりも成熟させたのです」

彼は抱きしめて
くれる人なのです。

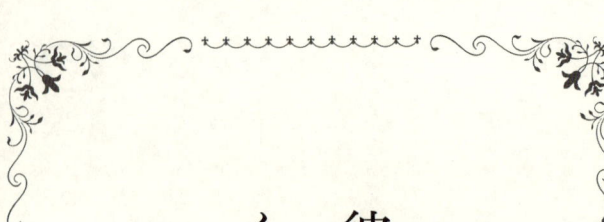

欲しくてたまらない愛

オードリーが二度目の結婚をしたのは、三十九歳のとき。メル・ファラーとの離婚からおよそ一年後のことでした。

「愛する男性と結婚して、その人の人生を生きたいと願っています」

結婚式は町役場での簡素なもの。ジヴァンシーのピンクのアンサンブルに同色のスカーフというファッション。

式のあとでパリのジヴァンシーに電話で喜びを報告しています。

「私、また人を愛せて、とても幸せよ！　もうこんなことは二度とないと思っていたわ。ほとんど諦めていたのよ！」

結婚に失敗したくない。

その強い願いゆえ、最初の結婚をなんとか維持しようと努力し、それがもう無理なのではないかと絶望していたとき恋におちて、彼はオードリーが欲しくて欲しくて、たまらなかったものを与えてくれました。

それは何か。「彼は抱きしめてくれる人なのです」という言葉がすべてを語っています。オードリーはそんなにも、きつく抱きしめてくれる人を、あの満ち足りた感覚を、切望していたのです。

HOLD

彼が自由だと感じることが
大切だと思います。
私の留守中に彼に
テレビの前に座っていて
もらいたくはありません。
男の人が退屈したら、
そのほうがずっと危険です。

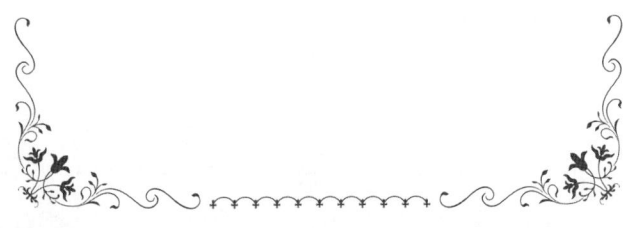

WORRY

失敗への不安

二人目の夫アンドレアは独身時代からプレイボーイとして有名、オードリーが妊娠中、ナイトクラブで美女たちと遊ぶ姿がマスコミで報じられました。

オードリーは言っています。

「最初からお互いを拘束しないという、取り決めのようなものを結んでいました。夫が年下の場合、これは避けられません」

夫が美女たちと戯《たわむ》れる写真にもちろん苦しみましたが、いつものように自分を戒《いまし》めていました。

「男の人が退屈したら、そのほうがずっと危険」だと考えていたからです。さらに、相手が九歳年下ということへの配慮もあったでしょう。まだまだ若いのだから、自由にさせてあげたい。自由にさせてあげることが、年上である自分の愛情表現であると考えて、オードリーは無理をしていたのでしょう。

なぜなら、二度も結婚を失敗するわけにはいかなかったからです。

夫や子どもが帰ってきたときに、
不機嫌な妻や母親では
いたくありません。
そうでなくったって、
現代は不機嫌な時代なのですから。

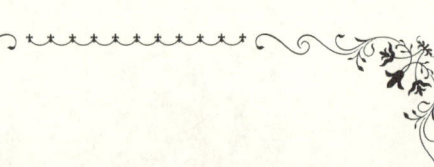

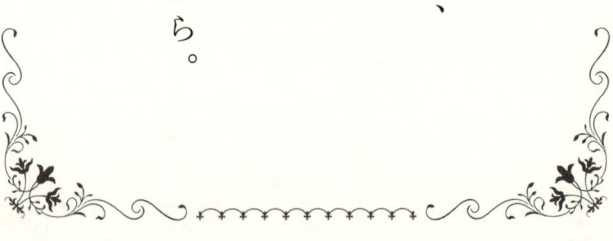

完璧な妻、完璧な母

オードリーは四十歳で、二人目の子どもを出産しています。息子で、名はルカ。

赤ちゃんのルカと、息子ショーンとそして夫アンドレア、家族四人のローマ暮らし。オードリーは「主婦業」に熱心に取り組みました。

完璧な妻、完璧な母親になろうと全精力を注いだのです。

「大切なのは、どんな花を選ぶか、どんな音楽をかけるか、どんな笑顔で待つか、そういうことです。私は家庭を陽気で楽しい場所にしたいのです。この不安だらけの世界から逃げられる安息の地にしたいのです」

夫が遅くまで病院にいるときには、夫と一緒に病院で夕食をとることもありました。夫にも周囲の人々にも、自分が夫の仕事に関わり、関心をもっていることを知らせたいと思っていたのです。

最初の結婚のときと同様、世界的スターではない、ひとりの妻として存在したい、認められたいというオードリーの、せつない願いが見えます。

もしも夫が女性に望むものを
私が与えられずに、
感情的にも、肉体的にも、性的にも、
夫がほかの女性を必要とするようなら、
私は潔《いさぎよ》く身を引きます。
未練がましく騒ぎ立てたりはしません。

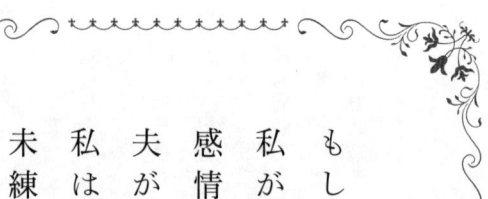

DOUBT

夫の不実

二度目の結婚生活は、すぐにうまくいかなくなりました。

夫アンドレアは、女遊びをやめようとしなかったのです。

八年のブランクを経て、『ロビンとマリアン』でオードリーが映画界にカムバックしたのは、夫との関係がうまくいっていなかったことも、理由としてあげられます。

下の息子も六歳になり、夫との関係に胸を痛めている日々はつらく、自分を認めてくれる人たちと一緒にいたい、という想いもあったのでしょう。

最初から、年下の夫の遊びに対して寛容な態度をとってきたオードリーですが、それでも、新聞や雑誌に掲載される夫の不実の証拠写真に、傷つかないわけではありません。

オードリー五十一歳、離婚を申し立てました。

十年間の結婚生活でした。

前回のときと同様、オードリーはアンドレアの悪口をひと言も言いませんでした。

人は誰かを心から愛したとき、
すべてがうまくいくという
希望をもちます。
けれど、いつもうまくいくとは
限らないのです。

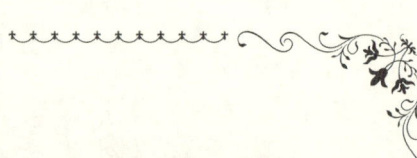

R
ESPECT

忘れない敬意

自分が子どものとき、両親の離婚でとても傷ついたから、同じ辛さを子どもたちに味わわせたくない、この想いはとても強かった。

「私は死に物狂いで離婚を避けようとしていました。子どもたちのために、そして結婚というものへの敬意から、必死でそれにしがみついていました」

それでも、どうしようもなくなったとき、一度目の離婚のときも、二度目の離婚のときも、オードリーがもっとも注意したのは、息子と父親の関係が損なわれないようにすることでした。

だから、夫に対して否定的な感情を抱いたとしても、周囲の人にも、そして何より息子たちには、いっさい見せなかったのです。

オードリーの人生の多くのことがそうであるように、離婚に関しても、品性は保たれました。

彼は私のために
存在しているのです。

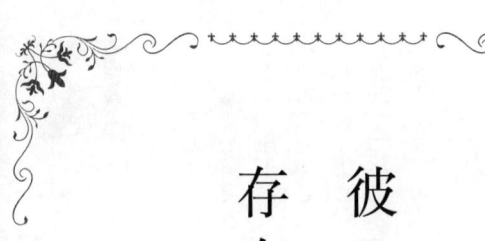

BEST PARTNER

「この人」に出逢うために

オードリーは、人生の最終シーズンで、最良のパートナーに出逢いました。

その人の名は、ロバート・ウォルダーズ。俳優でありプロデューサーでもあり、オードリーよりも七歳年下。

ふたりが出逢ったときオードリーは五十一歳、ロバートは四十四歳。オードリーが「彼と私は不幸のどん底にいるときにお互いを見つけたのです」と言うように、オードリーの結婚生活は破綻していて、ロバートは前年に妻を亡くしたばかりでした。

ロバートは言います。

「いまもなお愛は可能だと、オードリーを説得することが重要でした。なぜなら二度の結婚の失敗で、彼女はもう愛とは縁がないと思っていたからです」

最初の夫メルにしても二度目のアンドレアにしても、どちらかといえば支配的な男性で、これがオードリーの好みでもあったのだけれど、ロバートは、彼女をサポートすることが喜びであるという、まったく違うタイプの男性。

だからこそ、オードリーは「私のために存在している」という、いままでのオードリーからは考えられない幸せな言葉が、言えたのでしょう。

「一緒にいなければならない」
からではなく
「一緒にいたい」から、
そうしているのです。
これはほんの小さな違いだけど、
すてきな違いです。

DESTINY

ずっと探していた人

ロバートとオードリーはいつでも結婚できたけれど、結局、結婚をしませんでした。

マスコミは「なぜ結婚しないのか」と問い続け、そのたびにオードリーは静かな声で言いました。

「なぜ結婚にこだわるのですか？　このままでもすてきだし、ずっとロマンティックです」

「私たちは愛に生きています。正式な手続きは必要ありません。式を挙げなくても、私たちはもうすべてを手に入れているのです」

オードリーについて、ロバートは言います。

「ほとんど子どものように人を信頼し、頼りにするところがありました。いったん誰かを信頼すると命を投げ出すこともいとわない、そういう人でした」

そんなオードリーはいつも「愛を失うこと」を恐れていたけれど、ロバートとの関係では「愛を失うことはない」と感じることができました。

彼は、ずっと探し求めていた人。オードリーは、自分と同じようなやり方で自分を愛してくれる人とようやく、出逢えたのです。

愛は行動なのよ。
言葉だけではだめなの。
言葉だけですんだことなど
一度だってなかったわ。

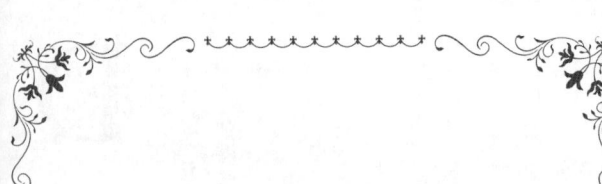

「幸せな家庭」への憧れ

オードリーが晩年に、息子のショーンに言った言葉です。いろんな意味にとれて、考えさせられます。二度の離婚のことも連想します。

オードリーの人生を貫いていたもののひとつに「愛情」を絶対的土台とした「家庭」へのこだわりがあります。

幼いときの両親の離婚が彼女に植えつけた「幸せな家庭への憧れ」、これがあまりに強すぎたために、「守りたい」という想いが強すぎたために、強く抱きしめすぎてオードリーは、それを壊してしまったのかもしれません。

そんな彼女が最高のパートナーに出逢えたとき、選んだスタイルが「結婚をしない」という選択だったことを思うと、感慨深いものがあります。

ロバートとの関係が、最初から情愛に満ちていたことからも想像できるように、オードリーが男性に求めた愛は、性愛よりも抱擁だったように思えます。彼女は「ただ抱きしめて欲しいだけの夜」を多くもった人だったのかもしれません。

そんな彼女の人生のラストシーズンは、抱擁してくれる人をパートナーとして、安息の地、スイスのトロシュナでゆったりと過ごし、やがてパートナーに支えられて、ユニセフの活動を始めるのです。

CHAPTER Ⅲ

仕事

いわゆる
「キャリアウーマン」には
なりたくありません。

私の最大の願望は、
いわゆる
キャリアウーマンにならずに、
キャリアを築くことです。

仕事と、そして

CAREER

オードリーは仕事を始めた最初から、人生を終えるまで、仕事だけに生きるつもりはなかったし、実際、そうしませんでした。

人生には仕事以外にも大切なものがあると考えていたからで、それはひと言で言えば「家庭」で、彼女は家庭を大切にする人でありたいと願い、仕事をセーヴし、ある期間は休業したのです。

ただ、ここでオードリーが使っている「いわゆるキャリアウーマン」という言葉、これには「仕事をもつ女性」という単純な意味以上のものが含まれているのでしょう。仕事以外の事柄にはほとんど価値を置かない、そういう生き方への批判が見えます。

キャリアは大切。仕事には全力で臨《のぞ》む。それは当然のこと。けれど、そのことと、そのほかのことを疎《おろそ》かにすることは、違う。

世界的スターであっても、生活そのものを楽しみ、こまごまとしたことを大切にする、それは可能なはずだし、何より、そういう生き方に美を見ていたのです。

「与えられたことができるようなふり」をしたことは一度もありません。

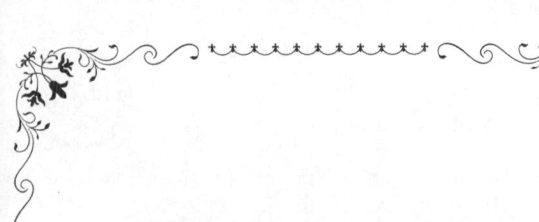

等身大の自分でいる

『ローマの休日』で有名になる以前、この映画の制作と同じころ、オードリーはブロードウェイミュージカル『ジジ』の主役に抜擢されました。

「彼女こそ私のジジにふさわしい！」とオードリーを主役に推したのは、原作者のコレット、フランスの有名な作家でした。ところが、オードリーはコレットにはじめて会ったときに、こう言いました。

「私にはできそうもありません。演技ができないのですから」

コレットは動じることなく言いました。

「あなたは私のジジよ。バレリーナを目指していた人なら厳しいレッスンに耐えられるはず、できる」

オードリーはこの期待に応え、きついレッスンに耐え抜いて、舞台を大成功に導きました。

オードリーの「できるふりはしない」というスタイル。これに反対の人もいるでしょう。ときには自分を等身大以上に見せることも必要なのだと。

人それぞれですが、オードリーは自分の実力を正直に伝えるやり方を選んだのです。

PLAIN

チャンスなんて、
そうたびたびめぐってはきません。
だから、いざめぐってきたら、
とにかく自分のものにすることです。
精一杯、頑張るのです。
何でも簡単には手に入らないのです。

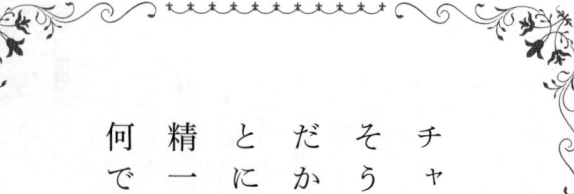

なりたい役を手に入れるために

ROLE

『ローマの休日』のヒロインを決めるためのスクリーン・テストが行われたときのことです。ウィリアム・ワイラー監督は立ち会わなかったけれど、スタッフに「カット」の後もカメラを回し続けるように指示を出していました。ありのままのオードリーを見るためでした。

王女がベッドに身を投げ出すシーンが終わると、スタッフのひとりが言いました。

「もうベッドから降りていいよ」

けれどオードリーは動かないまま言いました。

「カットの声が聞こえません」

スタッフのひとりが「カット」と言いました。けれどオードリーはまだ動かないままで「カットと言う資格のある人はひとりしかいません」と言って、くすくすと笑い、現場の監督が「カット」と言うと、ようやく起き上がって、にっこりと微笑。

オードリーの無邪気さ、ユーモラスなところ、すべてがカメラに収められました。

オードリーは、カメラが回っていることを見抜いて「カメラが回っていることに気づかない演技」をしていたのです。したたかに計算して、誰もが憧れるヒロインの役を、自分のものにしたのです。

私を望むなら、
名前ごと
受け入れてください。

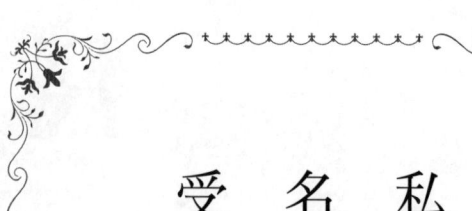

GRACE

すがりつかない品位

オーディションの結果、『ローマの休日』のヒロイン役に決定したとき、映画会社から、ある要望がありました。

「キャサリン・ヘップバーンとの混同を避けたいから、名前を変えてほしい」

キャサリン・ヘップバーンは超有名な女優、一方のオードリーは無名の新人。その無名の新人が『ローマの休日』のヒロインに抜擢されたことは、誰もが羨《うらや》む幸運そのものであり、どんな要望も受け入れて当然の状況といってよいでしょう。

けれど芸名を変えるように言われたとき、オードリーは断固として拒否。名前ごと受け入れてくれないのなら、ヒロイン役もいらない、と告げたのです。

結局、映画会社はオードリーを名前ごと受け入れることになります。

オードリーはヒロイン役がどうでもよかったわけではありません。大きなチャンスだという自覚はあったし、やる気だってありました。

やる気はあったけれど、すがりつかなかった。ここがおそらく重要で、すがりつかなかったことで、結果的に、毅然とした存在感をもつ女優であることを知らしめたのです。

女優の道に進んだのは偶然からでした。
私は無名で、自信も経験もなく、
痩せっぽちでした。
だから全身全霊で努力しました。
その点では自分を褒めることができます。

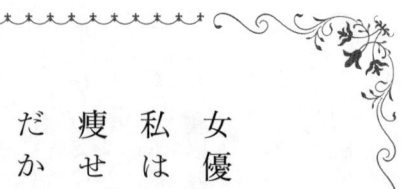

GIRL

バレリーナになれなかった女の子

二十五歳、はじめての主演映画『ローマの休日』でアカデミー賞主演女優賞受賞、その三日後に、権威ある演劇賞であるトニー賞を『オンディーヌ』で受賞するという快挙を成し遂げ、一躍スターとなったときのコメントです。オードリーは、もともとはバレリーナになりたかったのです。

母親の勧めもあり、幼いころからバレエを習い、戦後ロンドンに渡って、著名なバレエの指導者に師事しますが、そこで決定的なことを言われます。

「あなたは優秀だけれど、プリマ・バレリーナにはなれない」

その時代の男性と組むには背が高すぎたのです。

二十歳。尊敬する先生からの言葉はショックで、ひどく落ちこむけれど、生活費を稼がなければならないから、くよくよしている暇はありません。ミュージカルや映画のオーディションを受け、端役《はやく》で出演したり、写真家のモデルなどをして収入を得るなかで、やがてチャンスをつかみ、スターとなったのです。

女優オードリー・ヘップバーンは、女優を目指した女の子が女優になったのではなく、バレリーナになりたかった女の子が夢を閉ざされ、生活費のために探した仕事から誕生しました。未来への扉は思いもよらないところにあったのです。

私はこの不安や劣等感を
どうにかして
プラスに転じたかった。
そのためには、強い精神力を
養う以外に方法はないと思い、
努力したのです。

劣等感と向き合う

はじめてのミュージカル映画『パリの恋人』への出演は即決でした。普段は脚本を読んで検討するまでに最低三日は費やすのに、珍しいことでした。その理由は単純で、相手役が憧れの天才ダンサー、フレッド・アステアだったからです。

けれど、相手が一流の人であるからこそそのプレッシャーが当然あり、そのため撮影開始前からオードリーはひとり、ダンスのレッスンを始めました。それはいつものように、周囲が心配するほどのレッスン量。

舞台や映画で主役を演じることに、あるいは、今回のように一流のダンサーと共演することに対して不安になると、彼女はいつも、とにかく、がむしゃらにレッスンをしました。

「私は、私なりの精一杯で努力をしている」という「努力に対する自信」だけが、自分を支えられることを知っていたからです。

そして強い精神力を身につけることが大切なのだと、つねに自分に言い聞かせていました。不安や劣等感に甘えることを自分に許さず、むしろそれをエネルギーとして、力をつけたのです。

映画を一本撮るごとに、
自信がつく、また失う、の繰り返しでした。
撮影がひとつ終わると、もう二度と
映画には出ないわ、と思ったものです。

私が生きているうちは、
ぜったいにそんなことは
させません。

MUSIC

ゆずれない局面

オードリーの代表作のひとつ、『ティファニーで朝食を』は、永遠の名曲「ムーン・リバー」を生みだしました。オードリーが非常階段に座って、ギターを爪弾きながら歌を口ずさむシーンは有名です。

ところが、当時この映画が完成し、試写を観た映画会社の社長はこう言ったのです。

「ひとつだけ注文がある。あの歌はカットしなさい」

するとオードリーがさっと立ちあがって言った、そのときの言葉がこれです。

「私が生きているうちは、ぜったいにそんなことはさせません」

激しい主張。隣にいた夫のメル・ファラーが彼女の腕をつかんで引き止めなくてはならないほど、オードリーは激昂《げっこう》していました。

彼女はスターだからといって、その権威を振りかざしたりする人ではなかったけれど、重要な局面では、人の指図を受けない鋼の強さをもっていました。

自分にとって重要度の低い事柄は流すけれど、重要な場面ではけっして流さない。

そして彼女は、この歌の重要さを信じていたから、流さなかった。

オードリーによって、名曲「ムーン・リバー」は守られたのです。

きっぱりと
決断する人だけが
成功するのです。

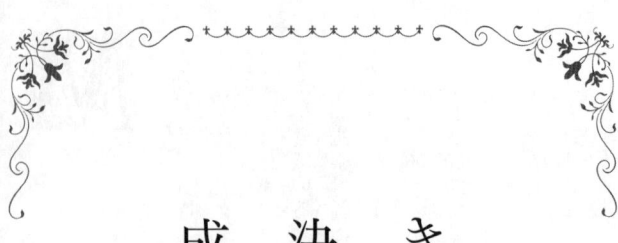

揺るぎない軸

DECIDE

オードリーには彼女が何を選択しようとも、それは彼女にとって正しいことなのだと人に思わせる独特の素質がありました。

そして優柔不断という言葉からは遠く、状況をあらゆる点から充分に検討し、方針を決めたら即、実行に移しました。

実行に移すのは素早いけれど、衝動で動くのとは違って、考えるための時間はかけます。

「私は十三歳のときから自立して、多くの問題を慎重に考えてきましたが、判断を誤ったことは少なかったと思います」

出演作を決めるときも、家を購入するときも、休養するときもそうでした。

どんな行動もどんな発言も、前もって自分自身によって熟考されたものであり、だからこそ、ブレることがほんとうに少なく、決断したことを翻《ひるがえ》すこともまた、少なかったのです。

「身なりは人を作る」
と言うけれど、
私にとって衣装は、
失いがちな自信を与えてくれる
ものでもありました。

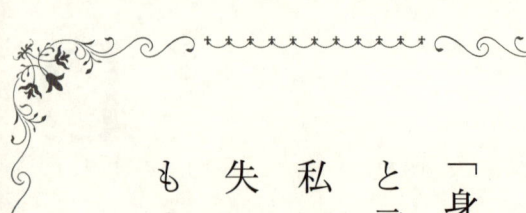

経験不足という不安

オードリーは本格的に演技を学んだ経験がなく、そのことでつねに不安と闘っていました。

そんなオードリーを支えたのが衣装でした。

DRESS

いろいろなタイプの女優がいるけれど、オードリーは衣装を身に着けることで「変身」できるタイプでした。

オードリーにとって衣装は、格別に重要、印象的なシーンが撮れたときにも「私は何もしていないの、これはすべて衣装の力なのよ」と言うほど。

なかでも親友のジヴァンシーが衣装を担当した映画は数多く、『麗しのサブリナ』『パリの恋人』『ティファニーで朝食を』『シャレード』など、それらを観るとたしかに、オードリーが服に護《まも》られているように見えてきます。

彼は私の友達なのですから、
私は彼に何も要求しません。
私のおかげで彼の香水ビジネスが
成功したなら、それは友達として
当然のことをしただけ。

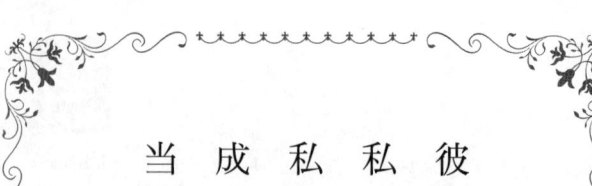

PERFUME

お金と美意識

オードリーの友情とお金に対する感覚がよく表れている言葉です。

オードリーとともに世界のファッションに影響を与えたデザイナー、ジヴァンシーは、オードリーからインスピレーションを受けて、彼女に捧げる香水を作りました。

その香りをとっても気に入ったオードリーは「私以外の人に使わせちゃダメよ」とおふざけで言い、ここから香水の名前は「ランティルディ（＝禁止）」となりました。この新しい香水は、世界中の主要な雑誌にオードリーの美しい写真とともに掲載されました。

ふたりの間にビジネスという意識はなかったけれど、当時の夫メル・ファラーは違いました。ジヴァンシーに抗議、ジヴァンシーは報酬を払うことで合意したのです。

オードリーは、夫に失望しました。「私がいたからその香水ができたのよ。だからお金を払って」などという意識は、ひとかけらもなかったからです。夫のしたことはあまりにも彼女の美意識とかけはなれていました。

庭園にもっと丁寧に目を配れば、
私たちのすばらしい地球を救う方法が
見つかるかもしれません。
唯一の生命の源を、
私たちは無視していないでしょうか。
それとも私たちは
この美しい惑星の脆さに
ようやく気づいたのでしょうか。

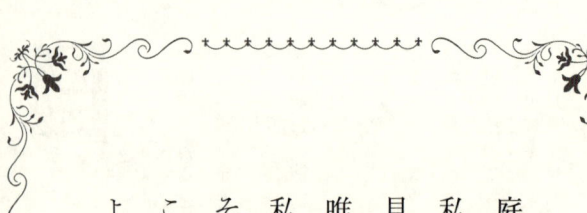

JAPAN

日本への思い

地球の未来を憂うオードリーの言葉です。

「オードリー・ヘップバーンの庭園紀行」というテレビ番組に出演したのは六十一歳のとき。オードリーの家、スイス、トロシュナの地所には果樹園と野菜畑と花畑があって、オードリーの庭への関心は本格的でした。庭には、人間の精神の糧《かて》となるもの、つまり「美」があると考えていたのです。

ヨーロッパから南北アメリカ、日本まで、世界の庭を訪ね歩き、その哲学とスタイルを考察するこの番組を、オードリーは「環境問題」への提言としたいと思いました。

一九九〇年、「環境問題」という言葉は現代ほど一般的ではありませんでした。

オードリーが特に気に入った庭のひとつは日本、京都の西芳寺（苔寺）。西芳寺の撮影でオードリーは私的な想いを綴《つづ》りました。

「この庭園には、何千年という日本の歴史と日本という国の神秘性、そのものがある。ここに一歩足を踏み入れた瞬間、古《いにしえ》からの格式と永遠の魅力につつまれて、まるで強い魔法にかけられたようになり、何度でもこの庭を訪れたい、と思う」

私の人生で最良のときのひとつでした。

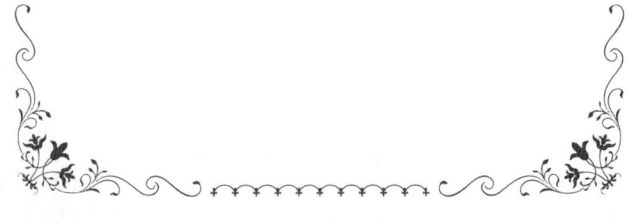

最後の映画

LAST

オードリー最後の出演映画『オールウェイズ』についての言葉です。

六十歳のオードリーに与えられたのは、「私が何者なのかは誰にもわからない。監督のスピルバーグにさえ、わからないのですから」と

オードリー本人が言うように、とらえどころのない役でした。敢えて言えば天使で、でも羽をつけたりしていない、白いタートルネックのセーターとスラックス姿の天使。登場シーンは二回、短いけれど、オードリーの神々しさがうまく引き出され、とても印象的なシーンとなっています。

オードリーはこの仕事がとても楽しかったようで、この言葉を残したのですが、スピルバーグにしても同じで、「オードリーと仕事をしたことは我が人生最大の喜びのひとつ」と言っています。

『ローマの休日』から『オールウェイズ』まで、およそ三十五年というキャリアで、出演映画は二十七本。オードリーほどのスターとしては少なく、これは家庭を優先したスタイルゆえの数です。

『オールウェイズ』とほぼ同じ時期にユニセフの活動が本格化し、その活動を通じて、自分が何のために映画の仕事で名声を得たのか、その答えを見つけるのです。

CHAPTER

IV

人生

何を恐れるかといえば、
老いや死よりも、
孤独や愛の欠如です。

自伝を書くとすれば、
書き出しはこうなるでしょう。
私は一九二九年五月四日に生まれて
三週間後に死にました。

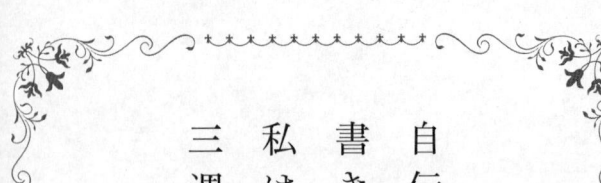

DEATH

「死」と直面する

オードリーが息子ショーンに話したところによれば、生後二十一日目に激しい咳の発作で、心臓が停止、けれど、それは一瞬で、すぐに蘇生《そせい》したというのです。オードリーの母親は、「病は信仰の力で治る」と信じるクリスチャン・サイエンティストで、祈りながら娘のお尻を叩いたら息をふき返したと、オードリーはショーンに語っています。

その後も、オードリーは何度も「死」と直面します。

十代の多感な時期にナチス・ドイツの占領下で恐怖の生活を強いられ、多くの人々の死を目撃し、また数度の流産という悲しみを経験、そして晩年ユニセフの活動で訪れた地域の惨状。

自伝を書くとするなら……と選んだこの言葉には、無意識だったとしても、オードリーの死生観が表れているように思えます。

私の母はすばらしい母親でしたけれど、
子どもに対してとても厳しい人でした。
溢れるほどの愛情をもっていたけれど、
それを表現しない人でした。

MOTHER

厳しい母

　異父兄は二人いたものの、成長してからは別のところに住んでいたので、実質は母娘二人きりでの生活が長く続き、オードリーが母親から受けた影響は大きく、有名になってからも結婚してからもずっと、母娘の結びつきは強いままでした。

　母親は厳格にオードリーを躾《しつ》けました。少女時代の母親の教えを、オードリーは生涯にわたって厳守したといってよいでしょう。

「時間を守りなさい」

「どんなときも自分よりも周囲を優先しなさい」

「自分のことばかり話してはいけません。あなたはけっしておもしろい話題ではありませんから。大切なのは、周りの人たちです」

「まっすぐに立ち、背筋を伸ばして座りなさい」

　母親の教育が正しいとは知っていても、オードリーは寂しい想いをしていました。

「私は優しく抱きしめてくれる人を探して、家じゅうを歩きまわり、叔母や乳母に手を伸ばしたものです」と言っています。

　ぬくもり、抱擁への飢えは、生涯にわたって続いたようです。

父に捨てられたことは、
私の一生で、
最もショッキングな
事件でした。

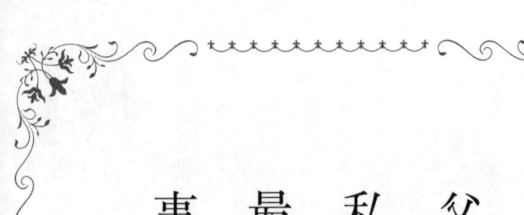

父の不在

FATHER

母親が二人の男の子を連れての再婚だったため、オードリーには異父兄が二人いて、乳母や家庭教師もいて、賑《にぎ》やかな家で経済的には恵まれていたけれど、「不幸」でした。

両親の仲が、かなり悪かったからで、両親の怒鳴り合いが始まると家を飛び出し、外に出られない時間帯にはテーブルの下に隠れて耳をふさぎました。

この幼児期の体験は、彼女の性格を穏やかなものに形作りました。

どちらの味方にもならない。自分の周りに壁を作る。

このふたつの自衛手段を身につけ、周囲の人々との争いを避けるようになったのです。

後年、オードリーが他人に対して怒鳴ったりするのを聞いた人はいません。

結局オードリーが六歳のとき、父親は家を出て、自分から娘の前に姿を現すことはありませんでした。

「むしょうに父と会いたかった。定期的に会うことさえできたら、父に愛されている、自分には父親がいると感じることができたと思います」

でも会えなかった。オードリーは父親から愛されている実感を得られないまま成長したのです。

ナチスに関しては、
聞いたり読んだりする
恐ろしいことを、
割り引いて考えてはいけません。
それは、想像をはるかに超える
恐ろしいことなのです。

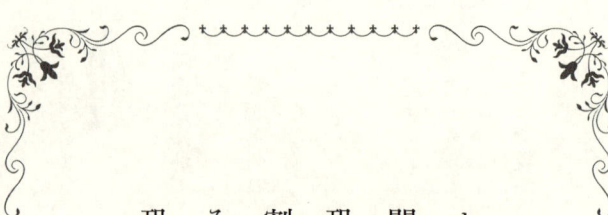

WAR

戦争を体験したということ

一九三九年九月、ナチス・ドイツがポーランドに侵攻、イギリスがドイツに宣戦布告し、第二次世界大戦が始まりました。このときオードリーは十歳。

すでに父親はおらず、当時、母娘はイギリスにいましたが、イギリスにいては危険だという母親の判断で、ふたりはオランダに戻りました。移住先はドイツ国境近くのアルンヘム。

けれど母親の読みは外れて、まもなくオランダはドイツに併合され、占領下での厳しい生活を強いられました。

食料不足による飢えが激しく、過酷な日々が続くなかで、何度も何度も、悲惨な光景の目撃者となりました。

プラットホームでユダヤ人家族が引き裂かれて、別の列車で死へ旅立つ様子や、若い男たちが壁の前に立たされて射殺される場面も見たのです。

思春期のオードリーの心に、これらの体験は、大きな傷痕を残しました。

戦争によって、
逆境に負けない強靭《きょうじん》さが
身につきました。
不幸な体験は、
私の人生に積極性を
与えてくれたのです。

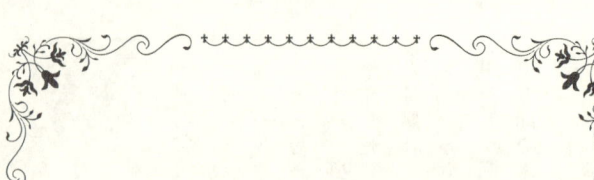

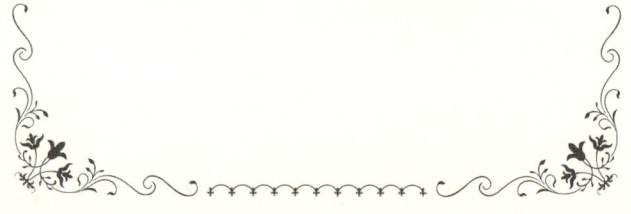

R
ESISTANCE

レジスタンス

戦争中、オードリーはレジスタンス（ドイツに対する抵抗運動）の活動も行っています。とは言っても、十代前半ですから、できることは限られていて、彼女の場合は、バレエの才能を使ったレジスタンスでした。

誰かの家でひそかにバレエ公演を行い、レジスタンスの資金集めをしたのです。ひそかなバレエ公演は、ドアに鍵をかけ、鎧戸を閉め、ドイツ兵を警戒する見張りを立てて行われました。

もちろん拍手喝采は厳禁、無言のカーテンコールのあとで帽子がまわされ、そこに支援金が入れられました。

オードリーの秘密の公演は、食料不足が悪化し、オードリー自身の体力が弱り、歩くことさえ困難になる戦争末期まで、続けられました。

私たちはすべてを失いました。
家も、家財も、お金も。
でもそんなことはどうでもいいのです。
肝心なのはただひとつ。
私たちは生きのびた、ということです。

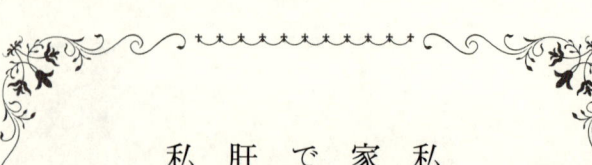

SURVIVE

命の尊さ

一九四五年五月、オードリー十六歳のとき、戦争が終結し、オランダが解放されました。

このころには、すっかり健康を害していました。

解放日の記憶で鮮明に覚えているのは、七枚のチョコレート・バー。オランダ解放後にやってきたイギリス兵からそれをもらったとき、オードリーは夢中で食べたけれど、胃が受けつけませんでした。

その後、アンラ（連合国救済復興機関、ユニセフの前身）から食料が届いたけれど、弱り切った身体は、豊かな食物を受けつけられるようになるまで時間が必要でした。

身長一六八センチ、体重は四十一キロ。五年間の過酷な生活で、栄養失調からくる急性貧血、呼吸障害、水腫にかかっていて、ほんとうにひどい状態。

それでも、とオードリーは言うのです。

「肝心なのはただひとつ」と。「私たちは生きのびた、ということ」なのだと。

戦争を経験すると、死や貧しさ、
危険などについて学び、
安全な暮らしの大切さや、
それが「突然失われることもある」という
現実を、痛感させられます。
そして、「どうしても失いたくないもの」は
何なのか、真剣に考えるようにもなります。

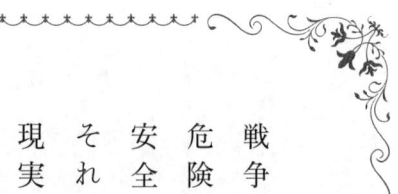

どうしても失いたくないもの

戦争などというものはもちろん、体験しないでいられれば、それにこしたことはありません。

多感な思春期に戦争を経験しても、オードリーはただ怯え、悲運を嘆くだけではなく、レジスタンスに積極的に関わる勇気さえ、もっていました。

この勇気、正義感は、成長とともに強くなり、晩年のユニセフの活動で花開くことになります。

戦争の経験は、いったい自分に何を教えようとしているのか。

得られたものがあるとするなら、それは何なのか。

そしてどうしても失いたくないものは何なのか。

真剣に考えるようになり、人の命に対して、深い慈しみをもつようになりました。

マイナスの事柄からも、人生の要点を学ぶ強さが、あったのです。

JUSTICE

『アンネの日記』を
読んだとき、
私の胸は引き裂かれました。

ANNE

アンネ・フランクは自分

スターとなったオードリーに何度も何度ももちこまれ、そのたびに断った企画がありました。

オードリーを主役とした『アンネの日記』の映画化の企画です。

アンネの父親のオットー・フランクが直接オードリーに会いにきても、それでもオードリーは引き受けることができませんでした。

なぜなら、戦中のアンネの経験は、そのままオードリーの経験であり、ひとりは死に、ひとりは生き残った、それだけの違いであり、あまりにも、生々しかったからです。

ようやくアンネを演じることができたのは、ずっとあと、六十一歳のときのこと。

それは「アンネの日記朗読コンサート」というスタイルでした。

このころにはユニセフの活動は始まっていて、各地をまわる慈善コンサートとして、オードリー自らが希望したのです。

作曲家のマイケル・ティルソン・トーマスによる美しいレクイエム、淡々としたなかに想いがこめられたオードリーの朗読は、多くの人に感動を与えました。

アンネ・フランクの思い出が
現在も将来も私たちとともにあるのは、
彼女が死んだからではなく、
希望と、愛と、すべての許しの
不滅のメッセージを、
私たちに残すのに
充分な時間を生きたからなのです。

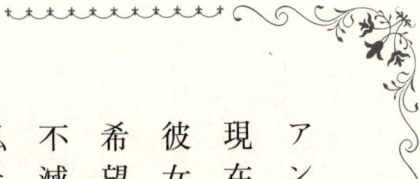

MESSAGE

希望のメッセージ

これは、「アンネ・フランク教育基金」を通じて、オードリーが発表した声明文の一部です。

慈善活動として行われた「アンネの日記朗読コンサート」、ロンドン公演終了後に、オードリーはアンネ・フランクの異母妹エヴァ・シュロスと会いました。

アンネの妹は、アウシュヴィッツを生きのびた人で、オードリーに「アンネ・フランク教育基金」での公演を依頼していて、オードリーはこれに承諾の返事を出していたのです。

ふたりは楽屋で感動的なひとときをもちました。

それにしても、アンネについてのオードリーの言葉は、みごとです。

アンネが人々の心に残っているのは、若くして亡くなったからではなく、希望と愛と、すべての許しの不滅のメッセージを残すのに充分な時間を生きたから――。

深くあたたかく、強く胸うたれます。

父の役に立てたおかげで
私は心安らかに
なれたのです。

「捨てられた少女」との決別

音信不通の父親を探し出して再会したのは、オードリーが三十一歳のころ。

父親は三十歳余り年下、つまりオードリーとほぼ同年齢の女性と再婚していました。娘の名声はもちろん知っていたものの、自分の過去（ファシスト的思想、刑務所生活）などを気にして会おうとしなかったのです。オードリーは以後、父親が九十歳で亡くなるまでの約二十年間、仕送りを続けました。

六歳のとき父親に捨てられた心の傷は、かなり深いものだったけれど、だからこそ、強い精神力を美徳とするオードリーは、自分の心の傷を自分で治そうとしたのです。

父親を探し出し、父親が自分に会おうとしなかった理由を知り、父親の生活を助けるという形で関わってゆくことで、「捨てられた少女」の自分に別れを告げたのです。

心にわだかまりがあって、それが何らかの行動ですっきりするならば、自分自身の未来のためにそれを行うべき。

オードリーはそう考え、幼いころからずっと自分を苦しませてきた存在に、勇気を出して自ら近づき、そして自分なりに決着をつけたのです。

大切なのは、どんな花を選ぶか、
どんな音楽をかけるか、
どんな笑顔で待つか、そういうことです。
私は家庭を陽気で楽しい
場所にしたいのです、
この不安だらけの世界から逃れられる
安息の地にしたいのです。

一生を振り返ったとき、
映画はあっても、
自分の子どもたちのことを
知らなかったら、
とても悲しいことです。

CHILD

仕事より、子ども

四十歳、二人目の子どもが生まれて、主婦業に専念しているとき、世界的スターであるオードリーのもとには、何本もの映画の脚本が届けられましたが、彼女は映画の話を断り続けました。

そのとき、もっとも大切なものを、できるかぎり大切にしたかったのです。

ふわふわと名声に溺れる人たちとは対極にいて、地に足がついているというか、いま自分にとって、何が大切なのかということを、しっかりと見つめられる人でした。

焦りはなかったのかと疑問に思うけれど、それが表れている言葉は見つかりません。

子どもが何より大切、この考えは、頑固なまでに一貫していました。

「私にとっては、子どもたちの成長を見ることほど、楽しくてわくわくすることはありません。それに子どもの成長はそのとき一度しかないのです」

一緒に来て。最初にこの家を見たときの
アングルを見せたいの。
季節は春で、果樹の花が満開だったのよ。
思わず息をのんでこう言ったわ。
これこそ私の家だわ！　って。

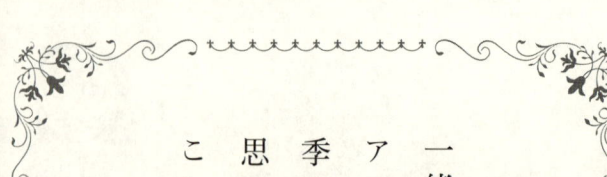

「家」にこだわる

親しい友人にオードリーが語った言葉です。

はじめて訪れたときから、スイス、レマン湖の静かなる美しさに魅了されていましたが、レマン湖からほど近い、トロシュナ＝シュール＝モルジュという村にある家を見た瞬間、ここに住みたい、と一目ぼれでした。

それは十八世紀の古びた田舎家。

地元で採れる桃色の石材を使って建てられた美しい家で、部屋数も多く、大きな屋根裏部屋もあり、庭も広く、アルプスの眺望が美しい場所でした。

その地所の名は「ラ・ペジーブル」、「静かな場所」という意味。

購入したのはメル・ファラーとの最初の結婚時代、三十五歳のときのことで、以後ずっとこの地を、この家を愛し続け、「ラ・ペジーブル」はオードリーの終《つい》の棲家《すみか》となるのです。

すばらしい歌は歌詞だけではなく
曲も大切でしょう。
だからあなたが
何を言ったかだけではなく、
どのように言ったかが大切なの。

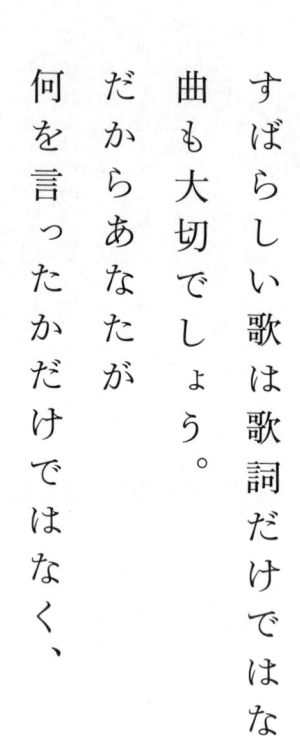

MOON-RIVER

何がいちばん大切か？

話すということについて、「すばらしい歌」に例えて、何が大切なのかを教えたオードリーのこの言葉について、息子のショーンは、ここに「多くの人の心をとらえた母の魅力」があると言っています。

そのさりげなさ、真心をこめた話し方、純粋な心を反映したその声……。『ティファニーで朝食を』の名曲「ムーン・リバー」が世界中の人々を魅了した、その理由も、この言葉から明らかになります。

オードリーは、優しく愛情ゆたかな母親でした。

育児の時期には、息子たちのそばにいられることを心から楽しみ、「愛」の大切さを基本にさまざまなことを教えました。

「何がいちばん大切なのかをじっくり考えなさい」というのも、オードリーが子どもたちによく言った言葉。

息子たちが、「母の思い出」に多くのエピソードを語れるという事実が、オードリーがいかに彼らとの時間を大切にしていたのかを物語っています。

生きているうちに、
なるべく多くのことを
したかったのです。
なぜならもうそろそろ
ガソリン切れになりそうだから。

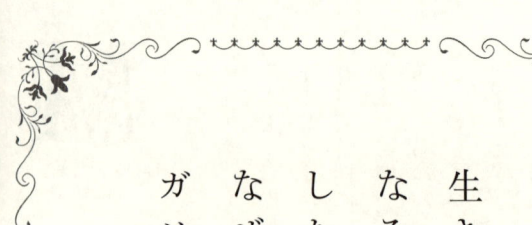

MISSION

使命感の名のもとに

六十歳で、ユニセフ親善大使に就任してから、最後の日々をユニセフの活動に捧げたオードリーですが、ソマリアへの視察旅行が最後の旅行となりました。

ソマリアの惨状は耐え難く、オードリーの繊細な神経を、ずたずたにしました。

それでも、心と身体が悲鳴をあげていても、くたくたに疲労していてもオードリーは言っていました。

「子どもたちのために行かなくちゃならないのよ」

最後となった視察旅行中、目立った不調はなかったものの、当時の写真には、オードリーの憔悴《しょうすい》した姿が映し出されています。

「私が休みなしでこの仕事をしてきたのは、もうあまり長くは続けられそうもないとわかっていたからなのです」

末期の大腸癌《がん》が発見されたのは、ソマリアから帰国してまもなくのことでした。

自分の命のことは
自分で決める権利が
あると思います。
ずるずる引きのばされるのは
望みません。

RECEIVE

自分の人生を受け入れる

パートナーのロバートと二人の息子たちは、オードリー本人に末期癌であることを伝えないよう、病院に頼みました。また、可能性にかけて、化学療法を受けるべきだと考えましたが、オードリーがそれを望みませんでした。

自分の人生をさとっていて、誰よりもそれを受け入れていたのでしょう。

スイス、トロシュナの自宅でクリスマスを迎えることを希望したオードリーのために、親友のジヴァンシーが自家用ジェットを手配。オードリーは感激でいっぱいになってジヴァンシーに電話、心からの「ありがとう」を言いました。

おかげでマスコミに煩《わずら》わされることなく、ロサンジェルスの病院から自宅に戻ることができたのです。

オードリーは自宅に戻れたことをとても喜んで、そして最後のわずかな日々を、この大好きな家「ラ・ペジーブル」で過ごすのです。

不公平ではなく、
自然のあり方です。
それは、私とも不公平とも
なんの関係もありません。
たんなるプロセスなのです。

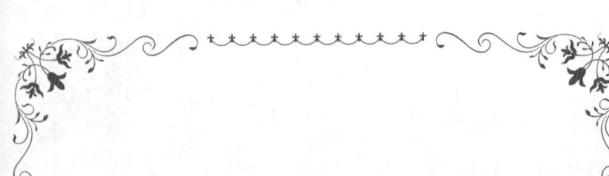

P ROCESS

死は当然のこと

息子たちをはじめ、残される者たちは、なぜオードリーのような人が、このような病気で命を終えなければならないのかと、「死の不公平さ」に腹を立てていました。

ところが、オードリー本人は、死を自然のあり方だと考えていました。それがわかる言葉です。

ほんとうに、オードリーは最後まで、恨みがましいことなど、ひと言も言いませんでした。

病魔もオードリーの性格を変えることはできなかったのです。

また、自分がいなくなった後のことについても明確に決めていて、何ひとつ未解決なものはありませんでした。

ロバートは言います。

「オードリーの、あのみごとな態度がなかったら、最後の日々は、地獄と化していたでしょう」

死を目前にしても品性を保つことはできる。

オードリーの最後の日々の姿は、ひとつの、希望です。

あなたたちは
私が作り出した、
ふたつの最高の創造物よ。

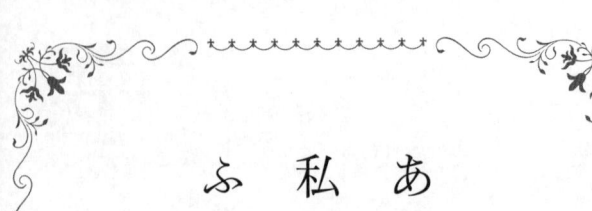

TWO SONS

人生の知恵

最後のクリスマスに、息子たちに言った言葉です。

クリスマス・イヴにオードリーは息子たちに詩を読みあげました。

「魅力的な唇になるために、優しい言葉を話しなさい。愛らしい目をもつために、人の良いところを探しなさい。（略）

お前の未来のために、大切なことを残しておこう。（略）

物は壊れたらおしまいだけど、人は転んでも立ち上がり、失敗してもやり直し、生まれ変わり、前を向いて何回でも、新たに始めることができる。

どんな人も拒絶してはいけないよ。

助けが欲しいとき、必ず誰かが、手を差し伸べてくれることを、忘れないで。

大きくなったとき、きっと、自分にもふたつの手があることを、発見するだろう。

ひとつの手は自分を支えるため。もうひとつの手は誰かを助けるため。

お前の「すばらしき日々」はこれから始まる。どうかたくさんのすばらしき日々が訪れるように」

サム・レヴェンソンの詩集『時の試練をへた人生の知恵』、これがオードリーの、最愛の息子たちへのラスト・メッセージでした。

今回のクリスマスで
私はわかったの。
みんなが私を
愛してくれているということを、
はっきりと知ったのよ。

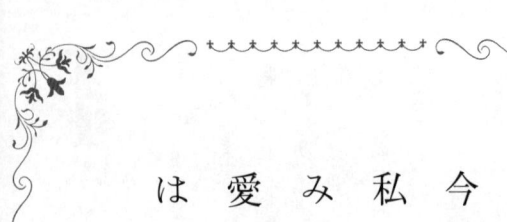

TELL

「幸福だった」と伝える愛

最後のクリスマス、オードリーは息子のショーンに「人生最高のクリスマスだったわ」と言いました。ショーンは「なぜ最高なの？」と尋ね、それにオードリーが答えた言葉がこれです。同じ言葉をロバートにも伝えています。

オードリーの最期は、あまりにもすばらしすぎて、現実離れしていると思うほどで、だから、そのまま真似するのは難しいとしても、それでも、「オードリーが何を伝えようとしていたのか」、考えることはできます。

オードリーは「愛を強く残して立ち去る」ことを、実践してみせたのです。

オードリーは大切な人たちに、ふたつの愛を残したのです。

ひとつは、あなたを愛していると「愛を伝える」こと。もうひとつは、あなたがいてくれたおかげで自分はとても幸福だったと「自分の幸福を伝える」こと。

そうすれば残された者たちは、悲しみのなかでも、あたたかなものに包まれて救われることを、それが真の愛なのだということを、オードリーは死に瀕《ひん》したときの、みごとな態度で伝えてくれている、そう思います。

後悔している
ことがあるわ。
ダライ・ラマに
会わなかったこと。

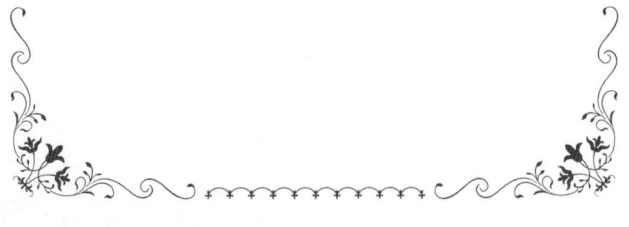

L
AST MOMENT

安らかな最期

オードリーの生命の炎が消えかけたとき、カルカッタのマザー・テレサが、「私の大切な尊敬すべき同志オードリー・ヘップバーンに二十四時間、寝ずの祈りを捧げましょう」と呼びかけました。

前夜、息子のショーンは一晩中オードリーのそばに座っていました。夜中に目を覚まし、身動きせずにじっと遠くを見つめているオードリーにショーンは尋ねました。

「何か後悔していることはある?」

オードリーは「いいえ……でもなぜこんなに……子どもたちが苦しんでいるのか……わからない」(ユニセフの活動で訪れた、とくにソマリアの子どものことを憂いていました)と絶句して、それから言い足しました。

「後悔していることがあるわ。ダライ・ラマに会わなかったこと。地球上でいちばん神に近いところにいる人よ。ユーモアがあって……思いやり深くて……人間的にすばらしい……」

ショーンが聞いた最後の言葉でした。

オードリーは一九九三年一月二十日、息を引き取りました。六十三歳。苦しむことのない安らかな最期でした。

私たちには生まれたときから
愛する力が備わっています。
それは筋肉と同じで、
鍛えなくては
衰えていってしまうのです。

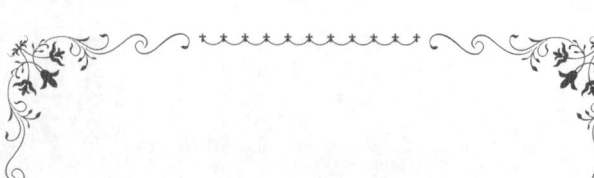

「愛すること」を鍛える

LOVING

愛する力は筋肉と同じ、だから日々鍛えなさい。

オードリーの愛についての言葉は、多忙な毎日のなかで、摩耗《まもう》してしまいがちな感覚に、うったえかけるものがあります。

「愛するということ」を意識し続けることが重要。

最後の最後まで、オードリーは諦めなかったのです。

葬儀で息子のショーンがオードリーの好きだった詩、クリスマス・イヴにオードリーが二人の息子に読んだサム・レヴェンソンの詩を読みあげ、そしてつけ加えました。

「母は何よりも、ひとつのことを信じていました。それは愛です」

三十分の儀式のあとで児童聖歌隊によって讃美歌が歌われ、オードリーはスイス、トロシュナの村の墓地の、ジュネーヴ湖を見下ろす小高い丘の上に埋葬されました。

シンプルな松材の十字架が立てられた、「オードリー・ヘップバーン」という名と「生年 一九二九」「没年 一九九三」とだけ記された、オードリーらしいシンプルでシックな墓でした。

愛は心の奥深くにある
感情、生命力の
最も大切なものなのです。

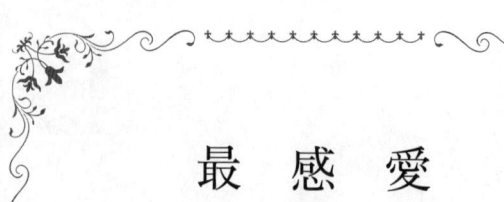

美しい生き方

VITALITY

アンネ・フランクと同じ年に生まれ、陰惨な戦争を体験し、人生に必要以上の悲しみを知り、父親に捨てられたショックを長い間ひきずり、愛情に飢え、スターになってからも愛情に飢え、二度の離婚で打ちひしがれ、それでも最後は、世界の未来のための活動に身を捧げました。

か細い身体で、過酷な慈善活動を行い、地獄のような光景を目のあたりにして、言いつくせないほどの苦しみを味わいました。

癌に冒され、余命いくばくもないと知っても動じることなく、周囲の人たちに、嘘のような優しさで接しました。

美しい生き方を、その存在感で伝えるという、類まれな資質、気品がオードリーにはあり、それは末期癌をしても崩すことはできませんでした。

根底にはやはり、「愛」があります。

オードリーは、何よりも大切にし続けた「愛」を「生命力」と結びつけることで、最大限に尊重したのです。

CHAPTER

V

使命

私は自分自身に
問いかけます。
あなたは
何ができるか？

私にできることはわずかですが、
思いがけない贈り物をもらった気持ちです。
自分が有名になったのが、
何のためだったのか、
いま、やっとわかったからです。

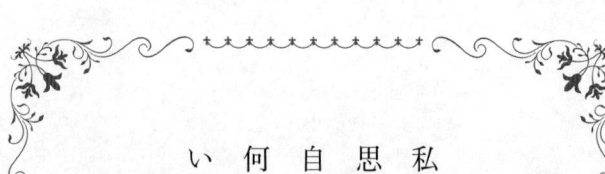

UNICEF

58歳からの新しい人生

オードリーの友人である女優のレスリー・キャロンは言いました。

「彼女のキャリアはふたつの章に分けられる。第一章では望みうるすべての栄光を手に入れ、第二章では手に入れたものをすべて還元した」

「時間」という観点から見れば、第二章は第一章に比べて、あまりにも短かったけれど、その充実度は、はかりしれないものがありました。

オードリーは、五十八歳のとき、「ユニセフ（国際連合児童基金）」と出逢います。きっかけは、とある国際音楽会に特別ゲストとして呼ばれたことでした。この音楽会に出演したアーティストたちは、出演料をすべてユニセフに寄付していて、その様子を見たオードリーは、何か心にきらめく直感がありました。

この分野で、もっともっと私にできることがあるはず……。

この直感をすぐさま行動に移し、ユニセフの「特別親善大使」としての活動を始め、これに残りの人生を捧げるのです。

オードリーはユニセフの活動を通じて、自分が何のために生まれてきたのかを知り、そして、何のために有名になったのかを知ったのです。

自分の「使命」を、知ったのです。

私は、ユニセフが子どもにとって
どんな存在なのか、
はっきり証言できます。
なぜなら、私自身が
第二次世界大戦の直後に、
食料や医療援助を受けた子どもの
ひとりだったのですから。

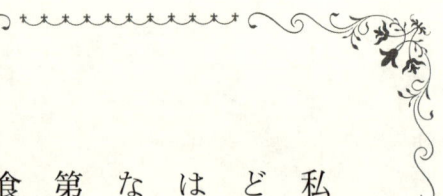

CHILDREN

子どもたちを救いたい

難民キャンプで、弱々しく横たわる子どもたちの姿に、オードリーは自分自身を重ねました。

あるキャンプで、十四歳の少年の病名を尋ねると「栄養失調が原因の急性貧血、呼吸障害、水腫」という答えが返ってきました。

「戦争が終わったときの私とまったく同じでした。年齢も、三つの病名も」

オードリーにとって、彼らの惨状は、他人事《ひとごと》なんかではなかったのです。

もともとオードリーは、「子ども」という存在に強い関心、愛情を抱いていたから、ユニセフの活動にはオードリーを奮い立たせるものがありました。だから何度も繰り返し、世界中の人々にうったえたのです。

「子どもを否定することは命を否定することです」

「子どもは発言力をもちません。私たちの助けが必要なのです」

「子どもたちを救うことは神から与えられたチャンスです」

諦めることなく、うったえ続けたのです。

そうです、もちろん当然私は
ビデオに撮られるのを知っていたので、
メイクをしていました。
それを虚栄心と呼びたければ、どうぞお好きに。
ただ私はカメラ映りが良ければ、
それだけ子どもたちの
役に立つかもしれないと考えたのです。
とにかく、私は世界中の人に、
「自分以外の人々のこと」を考えてもらいたくて
来たのですから、その目的が果たせれば、
何と言われてもかまいません。

CONTRIBUTION

メイクする理由

ユニセフの仕事で、かわいそうな子どもたちの間をオードリーが歩き、それをカメラが追っていく。

オードリー自身、小ぎれいで健康そうな自分の姿を、どこか申し訳なく思わないではいられない、そんな気持ちでいたのですが、彼女がメイクをして美しくしていることを批判する人もいました。

けれど「カメラ映りが良ければ、それだけ子どもたちの役に立つ」といった言葉が語るように、オードリーは自分自身の価値、役割をよく理解していました。

魅力的であればあるほど、人々の関心を集めることができると知っていたのです。世界的スター、オードリー・ヘップバーンの影響力は絶大で、オードリーが何かのイヴェントやテレビ番組でアピールするたびに多額の寄付が集まり、各国のユニセフ募金運動の大きな推進力となりました。

ユニセフは国連の一般予算からの割り当てはなく、自力で資金調達をしなければならないので、寄付だけが活動の命綱。だからオードリーが成し遂げたことは、ほんとうに大きかったのです。

私は心を痛め、絶望しています。
二十五万人の子が毎週のように、
先週も死に、来週も死んでゆくというのに、
誰ひとりそのことについて
本気で語ろうとはしません。
それは私たちの時代の最大の恥であり、
悲劇です。
私たちは、この状態に
ピリオドを打たなくてはなりません。

人生の目的

ユニセフ特別親善大使としての初仕事、エチオピア視察のときの言葉です。

PERIOD

エチオピアの飢饉に見舞われた地域視察の目的は、手遅れになる前に、この貧しい国に、世界の人々の注意を向けさせることでした。

はじめての視察旅行ということもあり、オードリーが受けた衝撃はおそろしいものがありました。まさに、目を疑うような悲惨な光景が繰り広げられていたからです。

オードリーは視察旅行から戻ると休む間もなく「記者会見旅行」に旅立ちました。

旅行が好きな人ではなかったのに、自ら積極的に企画。

イギリス、カナダ、スイス、フィンランド、ドイツ、アメリカ……。すべてオードリーの自費で行われました。自費であっても構いませんでした。オードリーには、そのために稼いだお金なのだ、という意識さえありました。

一刻も早く、この惨状を伝え、このようなひどいことを終わらせなくては……。

オードリーは、とにかく行動することで、自分の使命を果たそうとしたのです。

不幸な体験は、
私の人生に積極性を
与えてくれました。

もし人々が支援していないのだとしたら、

「支援したくないから」ではなく、

「支援が必要だということを知らないから」

だと思います。

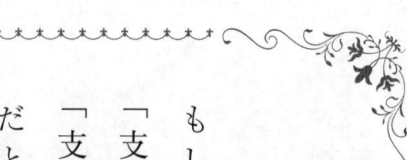

ひとりの女優の力

とにかく、世界中のひとりでも多くの人に、支援を必要としている人たちがいることを知らせること。

オードリーは別人になったかのように、積極的に人前に姿を現しました。

映画スターとしての全盛期には、インタビューをできるだけ避けてきたというのに、いまではユニセフのために、進んでインタビューを受け、ワシントンD.C.では一日で十本以上のインタビューをこなし、国会議員二十五人との朝食会も企画開催。

その席でオードリーは、エチオピアに対する援助額を増やすようにアメリカ政府に要請し、増額を実現させたのです。ひとりの女優の力で、です。

あらゆるところで発言する原稿は、すべてオードリーがロバートと一緒に考えたものでした。

オードリーはどこに行くにもロバートと一緒でした。

ロバートがいつもオードリーを支えていたのです。

いかがですか。
そういう考え方は
人間性に反するものでは
ありませんか？

ANGER

静かな怒り

オードリーは、冷めたものの見方をする人たちと、真っ向から対立しました。

オードリーの活動を批判したり、小馬鹿にする人たちというのが、いたのです。

彼らの意見には、たとえばこんなものがありました。

「あなたのしていることは、じつはまったく無意味なことなのです。苦しみは昔からあったし、これからもあるでしょう。あなたは子どもたちを救うと言うけれど、実際は、彼らの苦しみを長引かせているだけなのです」

これに対してオードリーは答えました。

「いいでしょう、まずあなたのお孫さんから始めましょう。お孫さんが肺炎になっても抗生物質を使わないでください。事故に遭っても病院へ連れて行かないでください。いかがですか。そういう考え方は人間性に反するものではありませんか？」

気品のある穏やかなオードリーが、静かに、毅然とした口調でこういったことを発言するとき、それはたいていの人を黙らせる、何か不思議な力がありました。

犠牲というのは
「したくないことのために
したいことを諦める」
ということでしょう。
これは犠牲なんかではありません。
私が授かった贈り物です。

デザイナーズジーンズをはいたマザー・テレサ

JEANS

「あなたは自分の時間を犠牲にしているのではありませんか?」と問われて、反論したときの言葉です。

ユニセフ特別親善大使は、年に一度支払われる、ほんの少しの手当て以外は無給。公的な交通費、宿泊費以外はすべて自己負担。病気の蔓延している国々における健康面でのリスク、内戦のための身体的リスクも引き受けなければならないので、半端な覚悟では務まらない仕事でした。

オードリーの活動が広く知られるようになると、彼女は「聖オードリー」、ときには「デザイナーズジーンズをはいたマザー・テレサ」などと呼ばれました。

現地視察者としてのオードリーは、たいていはチノパンかジーンズ、ラコステのシャツといったラフな服装。

最晩年、オードリーのクローゼットには十着ほどのドレスしかありませんでした。そのほとんどをチャリティーのために売りに出したからです。

ファッション大好き、と公言し、ジヴァンシーの服は自分を護《まも》ってくれる、とまで言っていたオードリーでしたが、人生で、本質的に大切なものを見出してからは、服で自分を護る必要は、もうなかったのです。

このような戦争を引き起こした
不正に対して抗議するのが、
ユニセフの義務では
ないでしょうか。

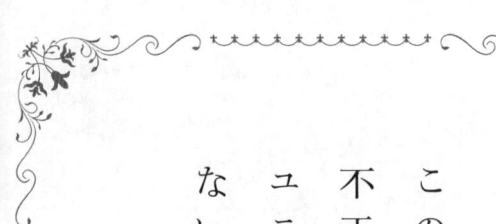

DISAPPOINT

最大の問題は、戦争

一九九一年、オードリー六十二歳の年の一月、湾岸戦争が始まりました。

この戦争中、ほとんどのアメリカ人が、アメリカ兵の犠牲がわずかだったことを喜んでいるときに、オードリーとロバートは、まったく別の心境にありました。イラクの人たち、多くの子どもたちが、アメリカの爆撃によって死んだという事実に、胸を痛めていたのです。

戦争開始から一週間後、ジュネーヴでユニセフの会議が開かれました。テーマは「戦争が終結したらイラクの子どもたちに何ができるか」。

オードリーは失望しました。

「戦争が終結したら……」ではない、本質が間違っている、と強く思い、そのとき発言したのが、この言葉なのです。

現実を、わが身のことのように引き受けていたオードリーだからこその言葉です。

翌年、「ユニセフ最大の問題をひとつだけあげるとすれば何でしょう?」という質問には、ただひと言で応じました。――「戦争」。

戦争、と、ひと言、オードリーは言ったのです。

戦争学はあるのに
平和学がないなんて、
おかしな話です。

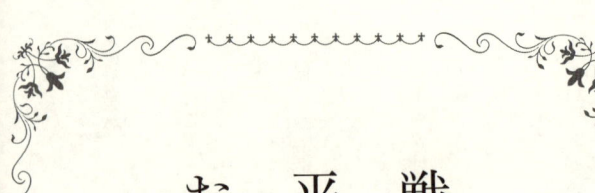

PEACE

人しか、できないこと

オードリーはユニセフを通して、熱心に、さまざまなことを学びました。

オードリーの発言には説得力がありました。

そのひとつを紹介します。

「現在、開発途上国は毎年一千五百億ドルを兵器の購入に費やしています。その一方で、国連安全保障理事会の五つの常任理事国が、全世界の兵器の九十パーセントを売っているのです。

私はひとつの明白な真実を見ました。

内戦、人種的殺戮《さつりく》……悪夢のような惨状を作り出しているのは人間なのです。飢餓だって、天災などではなく、人災なのです。だから人間がそれらの問題を解決するしかないのです。

解決策があります。それは平和の樹立です。

戦争学はあるのに平和学がないなんて、おかしな話です」

人によって仕事の量は
まちまちです。
私よりもたくさん働く人も
大勢いますが、
自分がしていることも
大切なのだとわかっていますから、
私は幸せです。

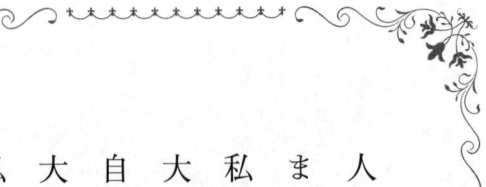

OMPARE

人と比べない幸福

「ユニセフばかりではなく、映画の仕事をすればいいのに」と言った人に対するオードリーの返答です。

それが仕事であっても仕事ではなくても、いま自分がしていることが大切なことだと思えるか思えないか。

それは人生の幸福の指針のひとつでしょう。

収入の面から見れば、映画の仕事とユニセフでの慈善事業など比べ物になりません。

それでも、オードリーはユニセフに出逢って、自分の存在意義を知ったのです。

「自分がしていることも大切だとわかっていますから、私は幸せです」

と言ったオードリーは、知っていたのです。

幸せは相対的なものではなく絶対的なもの。

誰かと比べるものではなく、本人が感じるもの。

自分のしていることに、迷いがない人の姿。

アフリカの土埃《つちぼこり》のなかで、チノパンとポロシャツ姿で、痩せた子どもを抱くオードリーは、神々しくさえありました。

私は自分を含めた
人間というものに対する
憤《いきどお》りでいっぱいです。
「集団の罪」は信じないけど、
「集団の責任」なら信じます。

自分の問題として考える

THINK

オードリー最後の旅は、内戦で地獄のような惨状にある東アフリカのソマリアでした。息子のショーンは言います。

「母は家に帰ってきて言いました。『地獄を、見てきたわ』」

「耳について離れないのは、あの静寂です」というオードリーの言葉が、ソマリアの惨状をなにより物語ります。ソマリア視察でオードリーのうちに沸き起こったのは、悲しみではなく「憤り」でした。誰に憤っていたかといえば、ソマリアの内戦を引き起こした指導者たちでもなく、それを放置していた先進国の指導者たちでもない。

そんな惨状を引き起こした、自分を含めた人間に、そしてそんな惨状が現に、存在しているのに、そのままにして平気で生活している「自分を含めた」世界中の人々に対して、憤っていたのです。ここに、オードリーの「すべてを自分自身に引きつけて考える」スタイル、けっして他人事にせず、自分自身を含めて責任を追及する姿勢、オードリーの正義感を見ます。

視察後、オードリーは世界の主要都市を周り、テレビ番組に出演。この活動で、世界の関心をソマリアに引きつけ、アメリカ軍のソマリア派遣も実現させたのです。

私は自分自身に問いかけます。
あなたは何ができるか？
あの国へ行って何をするのか？
はっきりとは言えないけれど、
誰にでもできる何かがあるはずです。
千人の人の世話ができないことは事実です。
けれど、ひとりでも救うことができるなら、
私は喜んでそうします。

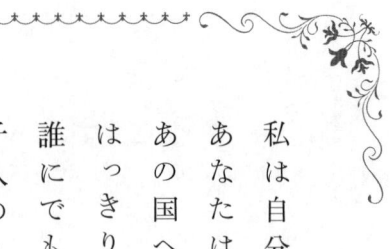

希望というひとすじの光

オードリーのユニセフ親善大使としての活動には強い使命感がありました。

「使命感」とは人生において、「真に生きている実感を得る」ために、必要なものなのでしょう。

だから人々はそれを求めてさまようけれど、「自分の使命」を見つけられる人は、そう多くはありません。

だから、威厳のある態度で、ぶれない使命感によって慈善活動に没頭し、悲惨な境遇に置かれた人々に光をあてたオードリーに、人々は、ひとつの美しい生き方を見ました。憧れました。あのように生きられたらどんなにすばらしいだろうと、夢を見ました。

それは、人生に希望を見出せないでいる人にとって、暗闇のなかのひとすじの光でした。

何を言われても、自らの信じる道をゆき、ときに無力感に打ちひしがれながらも、諦めなかった、ひとりの女優が、たしかに世の中を変えたのです。

LIGHT

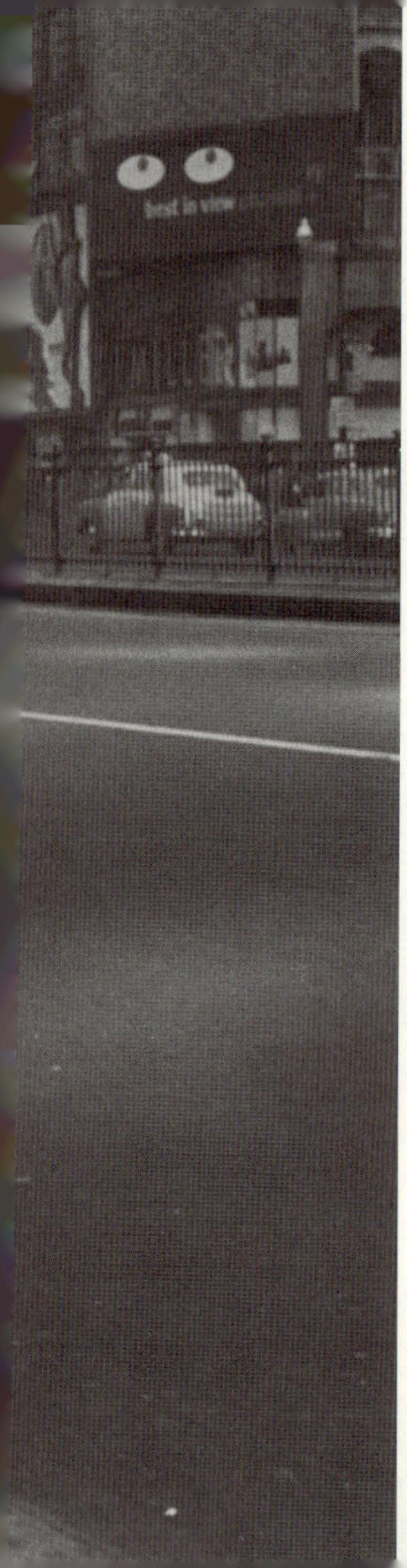

STORY

FILMOGRAPHY

オードリー・ヘップバーン　おもな映画について

ローマの休日（24歳）

一九五三年に公開され、オードリーを一躍世界的スターにした記念すべき映画の相手役はグレゴリー・ペック、当時の大スターであり、だからこの映画は当初はグレゴリー・ペック主演で、その相手役としてのオードリーという位置づけでした。

けれどグレゴリー・ペックはオードリーと数日間仕事をしたのち映画会社に言いました。

「映画でのクレジットは自分がトップになる予定だが、それをやめてオードリー・ヘップバーンと同等の扱いにして欲しい」。

彼は数日間でオードリーがスターになることを確信したのです。

王女役のオードリーは気品に溢れて、けれどおちゃめでかわいらしく、その細いウエスト、ブラウスとスカートの着こなしなどと合わせて、全世界の女性たちが夢中になりました。オペラ界の女王マリア・カラスは、この映画のオードリーに強い衝撃を受け、ダイエットを成功させています。

多くの名場面があるけれど、ヘアカットして、キュートなショートにした瞬間のオードリーには、永遠不滅のみずみずしさが、ぎゅっと凝縮されています。

麗しのサブリナ（25歳）

オードリーの相手役は、大スターのハンフリー・ボガートとウィリアム・ホールデン。ボガートは監督のビリー・ワイルダーと仲が悪く、しばしば辛らつな口論をし、さらにホールデンとも仲が悪く、険悪ないがみ合いが続いていました。

オードリーは言っています。「私はハンフリー・ボガートが少し怖くて、彼もそのことを知っていました」。もうひとりの相手役であるウィリアム・ホールデンとは、短い間ではあったけれど、現実でもロマンスが生まれました。

この映画でオードリーがはいた細身のパンツがヒロインの名をとってサブリナ・パンツとして流行し、またこれからオードリーとともに世界のファッションをリードしていくことになるジヴァンシーがはじめてオードリーの衣装を一部担当しました。

戦争と平和（27歳）

トルストイ原作の歴史大作で三時間二十八分もあり「長さだけあって深さがない」と全体的に不評でしたが、それでも多くの批評家がオードリーのナターシャ役を賞賛しました。相手役はメル・ファラーで、これが結婚後初の夫婦一緒の仕事でした。

この映画でオードリーは衣装にこだわりを見せ、十九世紀初頭のファッションを研究し、ヘアピン一本にまでこだわりました。

パリの恋人（28歳）

オードリーのすべての映画のなかでも、もっともファッションが楽しめる映画となっています。公開当時も大好評で、「すべてのアメリカ映画のなかで映像的に最もすばらしい作品」「フィルムに記録された最高のファッション・ショウ」と絶賛の記事が掲載されました。

相手役は、憧れのダンサー、フレッド・アステア。彼とダンスを踊れるだけでも幸せと言っています。そのオードリーが黒いトップスにパンツという細身のファッションでダンスを踊るシーンがあります。足もと、ソックスだけが白いのは、監督の指示によるもので、監督は白いソックスで躍動感を出したかったのです。オードリーは黒いソックスを主張、監督と意見が合わず、いったんは楽屋にこもってしまったほどでした。結局は白いソックスで楽屋から出てきて撮影再開、のちに監督が正しかったことを認めています。

昼下がりの情事（28歳）

この映画のとき、オードリーは宣伝用の写真について、いつも以上に細かくチェックを入れたので、スタッフはオードリーの「顔に関する強迫観念」に驚かされました。カメラマンたちは低すぎるアングルから撮ることを禁じられ、それは彼女が大きすぎると感じていた鼻孔を強調しないためでした。

スカーフを頭に巻いて首のところで結ぶスタイルは、オードリーが演じたヒロインの名をとって「アリアーヌ巻き」と呼ばれて流行しました。

尼僧物語（30歳）

これまでのロマンティック・コメディとは一転、女優としてのオードリーの力を見せつけた映画。オードリーのこの映画にかける意気ごみは相当なもので、二十四時間体制でシスター・ルークを演じました。たとえば、尼僧は戒律で鏡を見ることを禁じられているから、オードリーも見ない。一般的な遊びもしない。質素なものを食べ、質素な生活を徹底させ、シスター・ルークになりきったのです。オードリーの映画のなかでは、おそらくもっとも地味な映画ですが、見ごたえのあるすばらしい映画です。

この映画は大ヒットし、アカデミー賞は逃したものの多くの賞を与えられ、オードリーの演技も「過去十年で最高！」と高く評価されました。

緑の館（30歳）

当時の夫メル・ファラー監督作品で、撮影中、スタッフは夫に従順な妻オードリーの姿を毎日見ることになりました。

たとえば小道具係がメルに朝のオレンジ・ジュースを出すのを忘れると、彼女がすぐに取りに行き、午後は彼女がお茶とクッキーを出しました。

ほかのスタッフが、「それはどう考えてもおかしい」と思って躊躇するような指示であっても、オードリーはメルの言う通りに動きました。

興行成績は悲惨。受賞もなく、一般の客にも批評家にも不評でした。

許されざる者（31歳）

開拓時代テキサスの、インディアンに対する根強い偏見をテーマにした作品で、監督のジョン・ヒューストンは、これを社会問題としてクローズアップしたいと考えていました。オードリーは脚本を読んで、このヒロインは自分がやるべきだと確信しました。なぜなら役柄は聖女でもプリンセスでもなく、インディアンの娘。つまり、差別される側の役ということで、オードリーの正義感が刺激されたのです。

鞍《くら》なしの馬に乗るシーンについては、もちろん代役を立てるという案もありました。けれど、完璧主義のオードリーは代役を拒否、そして落馬。大怪我をして入院しますが、およそ二ヶ月後撮影に復帰、落馬した馬にもう一度乗ったのです。その勇気ある姿にスタッフは感動しました。けれどこの事故が原因でオードリーは流産してしまったのです。

ティファニーで朝食を（32歳）

この有名な映画にまつわるエピソードのひとつに、「ヒロインはマリリン・モンローの予定だった」というものがあります。これは本当で、原作者であるトルーマン・カポーティもマリリン・モンローしか考えられませんでした。カポーティ自身、オードリーのことも好きだけれど、「彼女はこの役にまったく向いていなかった」と言っています。また、原作ではヒロインは娼婦なのに映画では女優の卵という設定に変えられていることも、彼にしてみれば不満でした。けれど映画は大ヒット。衣装はすべてジヴァンシー。オードリーが歌うヘンリー・マンシーニの「ムーン・リバー」は永遠の名曲となりました。

噂の二人（32歳）

レズビアンをテーマにした映画に出演することは大きな挑戦でした。当時、同性愛に対して社会の偏見は厳しく、映画でそのテーマを扱うということ自体、冒険だったからです。オードリーの相手役であるシャーリー・マクレーンはイメージに幅があるけれど、オードリーは適役とは思えません。それでもこの役を引き受けたのは、監督が『ローマの休日』のウィリアム・ワイラーだったからです。新たな試みである役への不安はあるものの、それ以上にワイラーを信頼していたのです。

それにしても、原作では娼婦の『ティファニーで朝食を』に続いて、社会的偏見の対象であったレズビアンの役を演じたわけですが、オードリーが演じると、魔法がかかったかのように毒気が抜かれます。

シャレード（34歳）

オードリーのこれまでの映画のなかで最大のヒットとなりました。

スリルとサスペンス、しゃれた会話、ジヴァンシーを着たスタイリッシュなオードリー、とっても楽しい映画です。

相手役のケーリー・グラントは、親子ほども年が離れている恋人という役柄ですが、これはすっかりオードリーの映画のひとつのパターンとなっています。

セーヌ川の船のシーンは、このうえなくロマンティックな名シーンです。

パリで一緒に（35歳）

相手役は、ウィリアム・ホールデン。『麗しのサブリナ』のときの、映画と現実のロマンスの相手です。過去の恋愛の相手との共演ということでオードリーは出演を悩みましたが、衣装をジヴァンシーに頼めることと撮影がパリだからジヴァンシーが近くにいるということで出演を決めました。

素敵だったホールデンはすっかり変わってしまっていて、アルコール依存の問題を抱えていて、撮影も滞《とどこお》りがち。映画は完成したものの、出来が悪いという判断で公開までに二年もかかり、公開されても不評の嵐という残念な結果となりました。

マイ・フェア・レディ（35歳）

バーナード・ショーの「ピグマリオン」を原作としたこの物語は、ブロードウェイでも成功していて、舞台でヒロインを演じて大成功させたのはジュリー・アンドリュース。映画化も当然彼女で行くと思われていたけれど、映画会社は世界的なスターを使いたくて、オードリーに話がもちこまれました。

一九六四年十月に公開された『マイ・フェア・レディ』に対して、批評家たちの意見は厳しいものでした。ミュージカル映画なのに、歌の部分がほとんど吹き替えなので、オードリーは半分しか演技をしていない、とまで言われました。オードリーは吹き替えが嫌で、一生懸命に歌のレッスンをしたけれど最終的に吹き替えられてしまったのです。

一九六五年二月にアカデミー賞の候補が発表されたとき、『マイ・フェア・レディ』は十二部門にノミネートされ、けれど主演女優賞だけが含まれていなくて、これはスキャンダルとして話題をさらいました。しかも、その年のアカデミー主演女優賞は、何とジュリー・アンドリュース（作品は『メリー・ポピンズ』）。ジュリーはずっとあとになって「あの受賞は同情票だと思っているわ」と言っています。当時は映画そのものよりも、ふたりの女優に話題が集中してしまった、不運な映画でした。

おしゃれ泥棒（37歳）

監督はウィリアム・ワイラーで、彼と映画を作るのは、『ローマの休日』『噂の二人』に続いて三度目。この映画は久々にオードリー・ファンが喜ぶ映画でした。どのシーンでも華麗なジヴァンシーを身にまとったオードリーが見られるからです。

ファースト・シーンは白いスーツ、白い手袋、白い帽子、白いストッキング、白い靴、大きな白いサングラス、そして真っ赤なスポーツカー。

しゃれたライト・コメディでオードリーの魅力が存分に発揮されています。

いつも二人で（38歳）

この映画でオードリーはジヴァンシーを選びませんでした。

役柄に合わなかったことも大きいけれど、「変化」するためでもありました。時代と自分の年齢に合わせてスクリーンイメージを変えようとしたのです。

ミニスカートから水着まで、衣装の大部分はロンドンのマリー・クワント、足りないところはパコ・ラバンヌをはじめとする当時の「モッズ・ルック」（一九六〇年代に現れた若者のファッション）デザイナーの作品が使われました。

相手役はアルバート・フィニー。当時三十歳。オードリーより七歳若く、ふたりは惹かれあい、映画の撮影中は現実でもロマンスが生まれました。

暗くなるまで待って（38歳）

この映画では盲目の女性を演じ、すさまじい演技を見せつけました。

役作りのために盲人教育専門の医師の指導を受け、訓練学校にも滞在、六歳のときに視力を失った大学生からの個人レッスンも受けました。

訓練の成果はすばらしいもので、指先の感触で生地を見分けること、音で人との距離を判断すること、杖の音でタイルと石の床を区別すること、電話をダイヤルすること、鏡なしでメイクすること……さまざまなことが可能になったのです。この映画の撮影中、オードリーは七キロも痩せました。

プロデューサーは夫のメル・ファラー、ふたりの共同作業の最後となった映画です。

ロビンとマリアン（47歳）

この映画をオードリーはとても気に入っていて、「成熟した大人のラヴ・ストーリー」と言っていました。運命によって離れ離れになった中年の男女が、時を飛び超えて再び共に生きよう、年齢なんて関係ない、と決意するところがオードリーは好きだったのです。

九年間の休養期間を経たのちの映画で、オードリーの容貌について老いを指摘する声も多かったけれど、それは承知の上での出演でした。

相手役のショーン・コネリーはオードリーよりも一歳若かったけれど、十歳くらい老けて見えて、本人もそれを認め、気にもしていませんでした。ショーン・コネリーがオードリーを気遣い、撮影は和やかな雰囲気で進められました。

華麗なる相続人（50歳）

『華麗なる相続人』でオードリーが演じたのは大製薬会社の遺産相続人で、精神異常の殺人鬼に命を狙われるという役。シドニー・シェルダンのベストセラー小説を原作としたこの映画で、オードリーはジヴァンシーを着ました。イヴニングドレス、シフトドレス、スーツ……すべてがとてもエレガントでした。

けれど残念なことに作品自体は酷評の嵐。オードリーはこの結果に打ちのめされ、作品選択の勘が鈍ってしまったのかと自信をなくしました。

ニューヨークの恋人たち（52歳）

オードリーの得意なロマンティック・コメディ。監督のピーター・ボグダノヴィッチや共演俳優とのロマンスも噂されましたが深入りすることはありませんでした。

監督は言っています。「オードリーの最後の映画になるだろうと感じたから、エンディングに彼女のすべてのモンタージュを使った。オードリー・ヘップバーンへのお別れのつもりだった」。

一部で評価する人はいたものの興行的には失敗。酷評も多く、結果的にこの映画がオードリーの主演作としては最後になってしまったのは、とても残念です。

オールウェイズ（60歳）

オードリー最後の映画はスピルバーグ監督の作品でした。白いセーターとスラックス姿の「天使」の役で、でもこの天使が何者なのかは説明されません。

オードリーは言っています。

「私が何者なのかは誰にもわからないのです。スピルバーグにさえもわからない……たぶん、天使のようなものだけれど……ようするに、セーターを着た地のままの私なのです」

互いに尊敬しあっていたスピルバーグとの仕事は楽しく、「人生で最良のひととき」とまで言っています。

登場シーンは二回でわずかなものですが、印象的なセリフがあります。

「自分のために何かをするのは、魂の無駄使いよ」

「自由を得るためには、自由を与えないとね」

オードリー最後の出演映画は主演ではなかったけれど、それでもこの時期のオードリーでなくては不可能だったという点において、重要な映画であることは確かです。

参考文献

ほとんどは私自身が著した2012年11月出版の『オードリー・ヘップバーンという生き方』（KADOKAWA）をベースにしています。

＊『オードリー・ヘップバーン　上・下』
バリー・パリス著　永井淳訳　集英社　1998年
＊『オードリー　リアル・ストーリー』
アレグザンダー・ウォーカー著　斎藤静代訳
アルファベータ　2003年
＊『AUDREY　HEPBURN　母、オードリーのこと』
ショーン・ヘップバーン・フェラー著　実川元子訳
＊『オードリーの愛と真実』
イアン・ウッドワード著　坂口玲子訳　日本文芸社　1993年
＊『エレガントな女性になる方法　オードリー・ヘップバーンの秘密』
メリッサ・ヘルスターン著　池田真紀子訳　集英社　2005年
＊『オードリーの魅力をさぐる　真の女性らしさとは』
レイチェル・モーズリー著　黒川由美訳　東京書籍　2005年
＊『こんな生き方がしたい　女優オードリー・ヘップバーン』
古屋美登里著　理論社　2002年
＊『大女優物語　オードリー、マリリン、リズ」
中川右介著　新潮社　2010年
＊『永遠のオードリー・ヘップバーン』
シュプール特別編集　集英社　1993年
＊『永遠なる妖精　オードリー・ヘプバーン』近代映画社　1987年
＊「オードリー・ヘップバーン展　Timeless Audrey」カタログ
シーボルトブックス　2004年
＊『オードリー・ヘプバーン：私のスタイル』
ステファニア・リッチ編　朝日新聞社　2001年
＊『フラウ　August 1992 Number22』講談社　1992年
＊『ヴォーグ　ジャパン　July 2012 No.155』
コンデナスト・パブリケーションズ・ジャパン　2012年

◇「思い出のオードリー・ヘプバーン」（DVD）
コロンビア　1993年

オードリー・ヘップバーン略年表

西暦	齢	事項
1929年		五月四日、ベルギーのブリュッセルに誕生。世界恐慌が起こる。
1935年	6歳	両親が別居。ロンドンの寄宿学校に入学。バレエと出会う。
1938年	9歳	両親が離婚。
1939年	10歳	第二次世界大戦勃発、オランダのアルンヘムへ。
1941年	12歳	バレエ・スクールの公演で好評を博す。
1945年	16歳	第二次世界大戦終結。アムステルダムへ。
1947年	18歳	『オランダの七つの教訓』に端役で出演。
1948年	19歳	イギリス、ロンドンへ。有名なバレエ・スクールに入学。
1949年	20歳	バレエの師より、プリマ・バレリーナにはなれないと言われる。ミュージカルに端役で出演し始める。
1950年	21歳	『天国の笑い声』『若妻物語』『ラヴェンダー・ヒル一味』で小さな役を演じる。俳優のマルセル・ル・ボンと交際。
1951年	22歳	『初恋』で準主役を演じる。『われらモンテ・カルロに行く』撮影時にフランスの作家コレットに見いだされる。イギリスの富豪ジェームズ・ハンソンと交際。ニューヨークへ。『ジジ』で初のブロードウェイ主役出演。
1952年	23歳	ジェームズ・ハンソンと別離。
1953年	24歳	『ローマの休日』でハリウッド・デビュー。ジヴァンシーと出会う。メル・ファラーと出会う。
1954年	25歳	『麗しのサブリナ』。舞台『オンディーヌ』。『ローマの休日』でアカデミー主演女優賞受賞。『オンディーヌ』でトニー賞受賞。メル・ファラーと結婚。
1956年	27歳	『戦争と平和』
1957年	28歳	『パリの恋人』『昼下がりの情事』

1959年	30歳	『尼僧物語』『緑の館』『許されざる者』
1960年	31歳	ショーンを出産。
1961年	32歳	『ティファニーで朝食を』『噂の二人』
1963年	34歳	『シャレード』。ケネディ大統領暗殺。
1964年	35歳	『パリで一緒に』『マイ・フェア・レディ』。スイスのトロシュナに住む。
1966年	37歳	『おしゃれ泥棒』
1967年	38歳	メル・ファラーと別居。『いつも二人で』『暗くなるまで待って』
1968年	39歳	メル・ファラーと離婚。アンドレア・ドッティと出逢う。
1969年	40歳	アンドレア・ドッティと結婚。
1970年	41歳	ルカを出産。
1976年	47歳	『ロビンとマリアン』
1979年	50歳	『華麗なる相続人』
1980年	51歳	ロバート・ウォルダーズと出逢う。離婚を申し立てる。
1981年	52歳	『ニューヨークの恋人たち』
1982年	53歳	アンドレア・ドッティと離婚成立
1987年	58歳	ワールド・フィルハーモニック・オーケストラとともに来日。ユニセフ大使としてスピーチをする。
1988年	59歳	最初の視察旅行でエチオピアへ。続けて、トルコ、南アメリカ、中央アメリカへ。
1989年	60歳	『オールウェイズ』。ユニセフ親善大使就任インタビュー。
1990年	61歳	慈善コンサートでアンネの日記を朗読。『庭園紀行』シリーズ撮影はじまる。
1991年	62歳	湾岸戦争。反戦のスピーチをする。
1992年	63歳	ソマリアへの視察旅行。
1993年		一月二十日、スイスのトロシュナで永眠。六十三歳。

おわりに

オードリー・ヘップバーンの言葉を紹介しながら、その生き方が伝わる本を創る。

そう決めてからも、私はどこかで躊躇《ちゅうちょ》していました。

なぜなら、オードリーについての本は、二〇一二年に『オードリー・ヘップバーンという生き方』を出版していて、そのときにじっくりとオードリーと向かい合い、書きつくしたという想いがあり、今回の本はアプローチは違うとはいえ、扱っている人物は同じだからです。

そんなとき、まるで私のことを観察していたような出来事があり、私の躊躇がきれいに取り払われたので、そのことを書いておきたいと思います。

本書のなかでもふれている、オードリー晩年の重要な仕事のひとつである『オードリー・ヘップバーンの庭園紀行』シリーズ、このDVDを発売している会社オンリー・ハーツ代表の奥田真平さんとご縁があり、私は奥田さんに、オードリーの言葉の本を書くことをお話ししました。すると彼は二通のメールを見せてくださいました。

二通とも、奥田さんに届いたばかりのフレッシュなメールで、二〇一六年の春のことでした。

オードリーと極めて親しい人たちからのメールを読ませていただけただけで、私にとっては充分感動でしたが、そこにはそれ以上のものがありました。

一通はオードリーの最後のパートナー、ロバート・ウォルダーズ氏からで、「庭園紀行」の仕事を通じてオードリーが、「次世代の人々へこの美しい地球を引き継ぐために、いかにひたむきに取り組んでいたか」といったことが書いてあり、メールの文面からオードリーへの愛と尊敬、彼の誠実で気品ある人柄が漂ってきて、うっとりとしました。

もう一通は、「庭園紀行」シリーズのスタッフのひとり、ドキュメンタリー作家のジャニス・ブラックシュレーガー氏からで、そこにもオードリーがいかにこの番組に熱意をもっていたかが書かれていました。

そして彼女のメールに、私の背を強く押すものがあったのです。

私は、オードリーの言葉の本を出す意義を彼女のメールに、はっきりと見て、躊躇がきれいに取り払われるのを感じました。

私の超訳でその部分の内容をお伝えします。

オードリー・ヘップバーンの責任感と、類まれなる芸術性、人間性、そして相手を思いやる心に対する尊敬の念は、時が経つにつれ深まっています。

オードリーはこの「庭園紀行」シリーズの制作、リサーチ、執筆に積極的に関わりました。たとえば西芳寺での撮影で、彼女は私的な想いを次のように綴っています。

「この庭園には、何千年という日本の歴史と日本という国の神秘性、そのものがある。ここに一歩足を踏み入れた瞬間、古《いにしえ》からの格式と永遠の魅力につつまれて、まるで強い魔法にかけられたようになり、何度でもこの庭を訪れたい、と思う」

オードリーは、庭園、そして自然に対して深い愛情をもっていました。

そして、次世代の人々が受け継ぐことになる「地球環境」について懸念を抱いていました。シリーズ付属冊子の序文には、オードリーからの問いかけがあります。

「私たちが、庭園にもっと丁寧に目を配れば、私たちのすばらしい地球を救う方法が見つかるかもしれません。

唯一の生命の源を、私たちは無視していないでしょうか？　それとも私たちはこの美しい惑星の脆《もろ》さに、ようやく気づいたのでしょうか？」

現在、日本だけではなく、世界中の新しい世代の人々に、オードリーは広く知られていて、彼らのオードリーに対する親愛の情はいままで以上に強く、オードリーが彼らに与える影響も強くなっていると私は感じます。

彼らは、オードリーがその将来を懸念し想いをはせた世代の人々です。だからこそ彼らに、いまこそ、オードリーの庭園紀行を通じて、それぞれの国の文化、環境の遺産についての理解を深めてほしいと思うのです。

何しろこの庭園紀行には、美しい庭を通して「シンプルかつありのままの美しい世界」がいっぱいに溢れていますから、どうしても地球環境について考えないではいられない、そういう意識を目覚めさせる力があるのです。

ひとりでも多くの人々にこのシリーズを観てもらう努力をすること。それが、オードリー・ヘップバーンを讃える最善の方法だと私は信じています。

オードリー・ヘップバーンの生き方に胸打たれ、そしてオードリーがなそうとしていたことに胸打たれているなら、その想いを届けられる機会を最大限に活用しよう、それがオードリーを讃える最善の方法なのだ、と私はこのメールから強く感じ、躊躇なしで執筆にとりかかりました。

そして、いままでに訪れるチャンスがなかった、オードリーが特に気に入ったという京都の西芳寺（苔寺）を、本書を書き終える前に訪れたくて、出かけました。

拝観は予約制で、庭園を観る前に写経をしなくてはならなくて、「ほんとうに観たい」と思う人しか受け入れない空気がありました。六月のはじめで、何百種類もの苔を特色とする庭だから、小雨あるいは曇りを期待したけれど、よく晴れた日で、そのことは残念だったけれど、私はひたすら、二十五年くらい前に、同じ場所に佇んでいたであろうオードリーに想いを馳せました。

そのとき、「伝えるということ」を肌で感じたのです。あのメールにあったように、そう、次の世代にバトンリレーのように、オードリーの意思を伝えるということ、その行為の意義を感じたのです。

充分でした。もうそれだけで私の西芳寺は意味がありました。

担当編集者は大和書房の藤沢陽子さん。彼女もまた、ひとりでも多くの人にオードリーの生き方、言葉を伝えたいという熱意ある人で、彼女の想いに応えたいという気持ちも書く原動力となりました。

五十歳の誕生日のころが執筆時期と重なっていたこともあり、この本もまた忘れ難い一冊となりそうですが、オードリーのたくさんの言葉のなかで、いま特に胸に響くのはユニセフに出逢ったことについての言葉です。

「私にできることはわずかですが、思いがけない贈り物をもらった気持ちです。自分が有名になったのが、何のためだったか、いま、やっとわかったからです」

オードリーが「やっとわかった」と言った、このとき彼女は五十八歳。この年齢にまず励まされます。そして、きっと、人生には何度かこのようなときがあるのだろうと思います。だから、何かに気づくこと、何かを始めることに「遅い」ということはないのだと、改めて思います。年齢ではないのです。

人生ではじめて、あるいは何度目かの「何か」に気づくために、「何か」を始めるために、いま経験を積んでいるのかもしれない、そんなふうにも思えて、やはり励まされます。

けれどおそらく、そんなふうに思いながら経験を積んでいる「いま」こそが、人生そのものなのでしょう。

本書を、いままさに何かに気づき、何かを始めている十七歳の娘に捧げます。

二〇一六年六月十六日　外は曇り空。都会のお気に入りの仕事場で。

山口路子

山口路子（やまぐち・みちこ）

1966年5月2日生まれ。作家。核となるテーマは「ミューズ」、「言葉との出逢い」、そして「絵画との個人的な関係」。おもな著書に、美術エッセイ『美神（ミューズ）の恋～画家に愛されたモデルたち』（新人物文庫）、『美男子美術館』（徳間書店）、小説『軽井沢夫人』（講談社）、『女神（ミューズ）』（マガジンハウス）など。また、『ココ・シャネルという生き方』（KADOKAWA／新人物文庫）をはじめとする「生き方シリーズ」（サガン、マリリン・モンロー、オードリー・ヘップバーン、ジャクリーン・ケネディ、エディット・ピアフ）は、多くの女性の共感を呼び、版を重ねる。
2015年より新たなライフワークとして、朗読と音楽のコラボレーション『語りと歌のコンサート』と、会話によって人生に潤いを与える『山口路子のミューズサロン』（定期的に開催）が加わる。

山口路子公式サイト
http://michikosalon.com/

だいわ文庫

オードリー・ヘップバーンの言葉《ことば》

著者 山口路子《やまぐちみちこ》

二〇一六年八月一五日第一刷発行
二〇一七年一月一日第七刷発行

発行者 佐藤靖
発行所 大和《だいわ》書房
東京都文京区関口一―三三―四 〒一一二―〇〇一四
電話 〇三―三二〇三―四五一一

フォーマットデザイン 鈴木成一デザイン室
本文デザイン 吉村亮 眞柄花穂 大橋千恵（Yoshi-des.）
写真 Getty Images
本文印刷 信毎書籍印刷
カバー印刷 山一印刷
製本 ナショナル製本

ISBN978-4-479-30607-8
乱丁本・落丁本はお取り替えいたします。
http://www.daiwashobo.co.jp